하나님의 말씀을
선물합니다.

나의 소중한

_______________ 님께

갈라디아서 1장

1. 사람들에게서 난 것도 아니요 사람으로 말미암은 것도 아니요 오직 예수 그리스도와 그를 죽은 자 가운데서 살리신 하나님 아버지로 말미암아 사도 된 바울은
2. 함께 있는 모든 형제와 더불어 갈라디아 여러 교회들에게
3. 우리 하나님 아버지와 주 예수 그리스도로부터 은혜와 평강이 있기를 원하노라
4. 그리스도께서 하나님 곧 우리 아버지의 뜻을 따라 이 악한 세대에서 우리를 건지시려고 우리 죄를 대속하기 위하여 자기 몸을 주셨으니
5. 영광이 그에게 세세토록 있을지어다 아멘
6. 그리스도의 은혜로 너희를 부르신 이를 이같이 속히 떠나 다른 복음을 따르는 것을 내가 이상하게 여기노라
7. 다른 복음은 없나니 다만 어떤 사람들이 너희를 교란하여 그리스도의 복음을 변하게 하려 함이라
8. 그러나 우리나 혹은 하늘로부터 온 천사라도 우리가 너희에게 전한 복음 외에 다른 복음을 전하면 저주를 받을지어다
9. 우리가 전에 말하였거니와 내가 지금 다시 말하노니 만일 누구든지 너희가 받은 것 외에 다른 복음을 전하면 저주를 받을지어다
10. 이제 내가 사람들에게 좋게 하랴 하나님께 좋게 하랴 사람들에게 기쁨을 구하랴 내가 지금까지 사람들의 기쁨을 구하였다면 그리스도의 종이 아니니라
11. 형제들아 내가 너희에게 알게 하노니 내가 전한 복음은 사람의 뜻을 따

갈라디아서 1장

1. 사람들에게서 난 것도 아니요 사람으로 말미암은 것도 아니요 오직 예수 그리스도와 그를 죽은 자 가운데서 살리신 하나님 아버지로 말미암아 사도 된 바울은
2. 함께 있는 모든 형제와 더불어 갈라디아 여러 교회들에게
3. 우리 하나님 아버지와 주 예수 그리스도로부터 은혜와 평강이 있기를 원하노라
4. 그리스도께서 하나님 곧 우리 아버지의 뜻을 따라 이 악한 세대에서 우리를 건지시려고 우리 죄를 대속하기 위하여 자기 몸을 주셨으니
5. 영광이 그에게 세세토록 있을지어다 아멘
6. 그리스도의 은혜로 너희를 부르신 이를 이같이 속히 떠나 다른 복음을 따르는 것을 내가 이상하게 여기노라
7. 다른 복음은 없나니 다만 어떤 사람들이 너희를 교란하여 그리스도의 복음을 변하게 하려 함이라
8. 그러나 우리나 혹은 하늘로부터 온 천사라도 우리가 너희에게 전한 복음 외에 다른 복음을 전하면 저주를 받을지어다
9. 우리가 전에 말하였거니와 내가 지금 다시 말하노니 만일 누구든지 너희가 받은 것 외에 다른 복음을 전하면 저주를 받을지어다
10. 이제 내가 사람들에게 좋게 하랴 하나님께 좋게 하랴 사람들에게 기쁨을 구하랴 내가 지금까지 사람들의 기쁨을 구하였다면 그리스도의 종이 아니니라
11. 형제들아 내가 너희에게 알게 하노니 내가 전한 복음은 사람의 뜻을 따

밑글씨가 있는 성경 필사노트

| 갈라디아서 |

| 에베소서 |

| 빌립보서 |

| 골로새서 |

| 데살로니가전후서 |

| 디모데전후서 |

| 디도서 |

| 빌레몬서 |

| 히브리서 |

밑글씨가 있는 성경 필사노트 _갈라디아서/에베소서/빌립보서/골로새서/데살로니가전후서/디모데전후서/디도서/빌레몬서/히브리서

1판 1쇄 발행 2021년 11월 25일

지은이 돌탕연구소
펴낸이 오형선
펴낸곳 돌아온탕자

출판등록 2009년 5월 1일 제25100-2009-000027
주소 세종특별자치시 한누리대로 237, 3층 12호
대표전화 070-8277-4048 **팩스** 02-6280-2964
이메일 sunnbooks@naver.com

라 된 것이 아니니라
12. 이는 내가 사람에게서 받은 것도 아니요 배운 것도 아니요 오직 예수 그리스도의 계시로 말미암은 것이라
13. 내가 이전에 유대교에 있을 때에 행한 일을 너희가 들었거니와 하나님의 교회를 심히 박해하여 멸하고
14. 내가 내 동족 중 여러 연갑자보다 유대교를 지나치게 믿어 내 조상의 전통에 대하여 더욱 열심이 있었으나
15. 그러나 내 어머니의 태로부터 나를 택정하시고 그의 은혜로 나를 부르신 이가
16. 그의 아들을 이방에 전하기 위하여 그를 내 속에 나타내시기를 기뻐하셨을 때에 내가 곧 혈육과 의논하지 아니하고
17. 또 나보다 먼저 사도 된 자들을 만나려고 예루살렘으로 가지 아니하고 아라비아로 갔다가 다시 다메섹으로 돌아갔노라
18. 그 후 삼 년 만에 내가 게바를 방문하려고 예루살렘에 올라가서 그와 함께 십오 일을 머무는 동안
19. 주의 형제 야고보 외에 다른 사도들을 보지 못하였노라
20. 보라 내가 너희에게 쓰는 것은 하나님 앞에서 거짓말이 아니로다
21. 그 후에 내가 수리아와 길리기아 지방에 이르렀으나
22. 그리스도 안에 있는 유대의 교회들이 나를 얼굴로는 알지 못하고
23. 다만 우리를 박해하던 자가 전에 멸하려던 그 믿음을 지금 전한다 함을 듣고
24. 나로 말미암아 하나님께 영광을 돌리니라

라 된 것이 아니니라
12. 이는 내가 사람에게서 받은 것도 아니요 배운 것도 아니요 오직 예수 그리스도
의 계시로 말미암은 것이라
13. 내가 이전에 유대교에 있을 때에 행한 일을 너희가 들었거니와 하나님의 교회
를 심히 박해하여 멸하고
14. 내가 내 동족 중 여러 연갑자보다 유대교를 지나치게 믿어 내 조상의 전통에 대
하여 더욱 열심이 있었으나
15. 그러나 내 어머니의 태로부터 나를 택정하시고 그의 은혜로 나를 부르신 이가
16. 그의 아들을 이방에 전하기 위하여 그를 내 속에 나타내시기를 기뻐하셨을 때
에 내가 곧 혈육과 의논하지 아니하고
17. 또 나보다 먼저 사도 된 자들을 만나려고 예루살렘으로 가지 아니하고 아라비
아로 갔다가 다시 다메섹으로 돌아갔노라
18. 그 후 삼 년 만에 내가 게바를 방문하려고 예루살렘에 올라가서 그와 함께 십오
일을 머무는 동안
19. 주의 형제 야고보 외에 다른 사도들을 보지 못하였노라
20. 보라 내가 너희에게 쓰는 것은 하나님 앞에서 거짓말이 아니로다
21. 그 후에 내가 수리아와 길리기아 지방에 이르렀으나
22. 그리스도 안에 있는 유대의 교회들이 나를 얼굴로는 알지 못하고
23. 다만 우리를 박해하던 자가 전에 멸하려던 그 믿음을 지금 전한다 함을 듣고
24. 나로 말미암아 하나님께 영광을 돌리니라

갈라디아서 2장

1. 십사 년 후에 내가 바나바와 함께 디도를 데리고 다시 예루살렘에 올라 갔나니
2. 계시를 따라 올라가 내가 이방 가운데서 전파하는 복음을 그들에게 제시하되 유력한 자들에게 사사로이 한 것은 내가 달음질하는 것이나 달음질한 것이 헛되지 않게 하려 함이라
3. 그러나 나와 함께 있는 헬라인 디도까지도 억지로 할례를 받게 하지 아니하였으니
4. 이는 가만히 들어온 거짓 형제들 때문이라 그들이 가만히 들어온 것은 그리스도 예수 안에서 우리가 가진 자유를 엿보고 우리를 종으로 삼고자 함이로되
5. 그들에게 우리가 한시도 복종하지 아니하였으니 이는 복음의 진리가 항상 너희 가운데 있게 하려 함이라
6. 유력하다는 이들 중에 (본래 어떤 이들이든지 내게 상관이 없으며 하나님은 사람을 외모로 취하지 아니하시나니) 저 유력한 이들은 내게 의무를 더하여 준 것이 없고
7. 도리어 그들은 내가 무할례자에게 복음 전함을 맡은 것이 베드로가 할례자에게 맡음과 같은 것을 보았고
8. 베드로에게 역사하사 그를 할례자의 사도로 삼으신 이가 또한 내게 역사하사 나를 이방인의 사도로 삼으셨느니라
9. 또 기둥 같이 여기는 야고보와 게바와 요한도 내게 주신 은혜를 알므로 나와 바나바에게 친교의 악수를 하였으니 우리는 이방인에게로, 그들은

갈라디아서 2장

1. 십사 년 후에 내가 바나바와 함께 디도를 데리고 다시 예루살렘에 올라 갔나니
2. 계시를 따라 올라가 내가 이방 가운데서 전파하는 복음을 그들에게 제시하되 유력한 자들에게 사사로이 한 것은 내가 달음질하는 것이나 달음질한 것이 헛되지 않게 하려 함이라
3. 그러나 나와 함께 있는 헬라인 디도까지도 억지로 할례를 받게 하지 아니하였으니
4. 이는 가만히 들어온 거짓 형제들 때문이라 그들이 가만히 들어온 것은 그리스도 예수 안에서 우리가 가진 자유를 엿보고 우리를 종으로 삼고자 함이로되
5. 그들에게 우리가 한시도 복종하지 아니하였으니 이는 복음의 진리가 항상 너희 가운데 있게 하려 함이라
6. 유력하다는 이들 중에 (본래 어떤 이들이든지 내게 상관이 없으며 하나님은 사람을 외모로 취하지 아니하시나니) 저 유력한 이들은 내게 의무를 더하여 준 것이 없고
7. 도리어 그들은 내가 무할례자에게 복음 전함을 맡은 것이 베드로가 할례자에게 맡음과 같은 것을 보았고
8. 베드로에게 역사하사 그를 할례자의 사도로 삼으신 이가 또한 내게 역사하사 나를 이방인의 사도로 삼으셨느니라
9. 또 기둥 같이 여기는 야고보와 게바와 요한도 내게 주신 은혜를 알므로 나와 바나바에게 친교의 악수를 하였으니 우리는 이방인에게로, 그들은

할례자에게로 가게 하려 함이라
10. 다만 우리에게 가난한 자들을 기억하도록 부탁하였으니 이것은 나도 본래부터 힘써 행하여 왔노라
11. 게바가 안디옥에 이르렀을 때에 책망 받을 일이 있기로 내가 그를 대면하여 책망하였노라
12. 야고보에게서 온 어떤 이들이 이르기 전에 게바가 이방인과 함께 먹다가 그들이 오매 그가 할례자들을 두려워하여 떠나 물러가매
13. 남은 유대인들도 그와 같이 외식하므로 바나바도 그들의 외식에 유혹되었느니라
14. 그러므로 나는 그들이 복음의 진리를 따라 바르게 행하지 아니함을 보고 모든 자 앞에서 게바에게 이르되 네가 유대인으로서 이방인을 따르고 유대인답게 살지 아니하면서 어찌하여 억지로 이방인을 유대인답게 살게 하려느냐 하였노라
15. 우리는 본래 유대인이요 이방 죄인이 아니로되
16. 사람이 의롭게 되는 것은 율법의 행위로 말미암음이 아니요 오직 예수 그리스도를 믿음으로 말미암는 줄 알므로 우리도 그리스도 예수를 믿나니 이는 우리가 율법의 행위로써가 아니고 그리스도를 믿음으로써 의롭다 함을 얻으려 함이라 율법의 행위로써는 의롭다 함을 얻을 육체가 없느니라
17. 만일 우리가 그리스도 안에서 의롭게 되려 하다가 죄인으로 드러나면 그리스도께서 죄를 짓게 하는 자냐 결코 그럴 수 없느니라
18. 만일 내가 헐었던 것을 다시 세우면 내가 나를 범법한 자로 만드는 것이라
19. 내가 율법으로 말미암아 율법에 대하여 죽었나니 이는 하나님에 대하여 살려 함이라

할례자에게로 가게 하려 함이라
10. 다만 우리에게 가난한 자들을 기억하도록 부탁하였으니 이것은 나도 본래부터 힘써 행하여 왔노라
11. 게바가 안디옥에 이르렀을 때에 책망 받을 일이 있기로 내가 그를 대면하여 책망하였노라
12. 야고보에게서 온 어떤 이들이 이르기 전에 게바가 이방인과 함께 먹다가 그들이 오매 그가 할례자들을 두려워하여 떠나 물러가매
13. 남은 유대인들도 그와 같이 외식하므로 바나바도 그들의 외식에 유혹되었느니라
14. 그러므로 나는 그들이 복음의 진리를 따라 바르게 행하지 아니함을 보고 모든 자 앞에서 게바에게 이르되 네가 유대인으로서 이방인을 따르고 유대인답게 살지 아니하면서 어찌하여 억지로 이방인을 유대인답게 살게 하려느냐 하였노라
15. 우리는 본래 유대인이요 이방 죄인이 아니로되
16. 사람이 의롭게 되는 것은 율법의 행위로 말미암음이 아니요 오직 예수 그리스도를 믿음으로 말미암는 줄 알므로 우리도 그리스도 예수를 믿나니 이는 우리가 율법의 행위로써가 아니고 그리스도를 믿음으로써 의롭다 함을 얻으려 함이라 율법의 행위로써는 의롭다 함을 얻을 육체가 없느니라
17. 만일 우리가 그리스도 안에서 의롭게 되려 하다가 죄인으로 드러나면 그리스도께서 죄를 짓게 하는 자냐 결코 그럴 수 없느니라
18. 만일 내가 헐었던 것을 다시 세우면 내가 나를 범법한 자로 만드는 것이라
19. 내가 율법으로 말미암아 율법에 대하여 죽었나니 이는 하나님에 대하여 살려 함이라

20. 내가 그리스도와 함께 십자가에 못 박혔나니 그런즉 이제는 내가 사는 것이 아니요 오직 내 안에 그리스도께서 사시는 것이라 이제 내가 육체 가운데 사는 것은 나를 사랑하사 나를 위하여 자기 자신을 버리신 하나님의 아들을 믿는 믿음 안에서 사는 것이라
21. 내가 하나님의 은혜를 폐하지 아니하노니 만일 의롭게 되는 것이 율법으로 말미암으면 그리스도께서 헛되이 죽으셨느니라

갈라디아서 3장

1. 어리석도다 갈라디아 사람들아 예수 그리스도께서 십자가에 못 박히신 것이 너희 눈 앞에 밝히 보이거늘 누가 너희를 꾀더냐
2. 내가 너희에게서 다만 이것을 알려 하노니 너희가 성령을 받은 것이 율법의 행위로냐 혹은 듣고 믿음으로냐
3. 너희가 이같이 어리석으냐 성령으로 시작하였다가 이제는 육체로 마치겠느냐
4. 너희가 이같이 많은 괴로움을 헛되이 받았느냐 과연 헛되냐
5. 너희에게 성령을 주시고 너희 가운데서 능력을 행하시는 이의 일이 율법의 행위에서냐 혹은 듣고 믿음에서냐
6. 아브라함이 하나님을 믿으매 그것을 그에게 의로 정하셨다 함과 같으니라
7. 그런즉 믿음으로 말미암은 자들은 아브라함의 자손인 줄 알지어다
8. 또 하나님이 이방을 믿음으로 말미암아 의로 정하실 것을 성경이 미리 알고 먼저 아브라함에게 복음을 전하되 모든 이방인이 너로 말미암아

20. 내가 그리스도와 함께 십자가에 못 박혔나니 그런즉 이제는 내가 사는 것이 아니요 오직 내 안에 그리스도께서 사시는 것이라 이제 내가 육체 가운데 사는 것은 나를 사랑하사 나를 위하여 자기 자신을 버리신 하나님의 아들을 믿는 믿음 안에서 사는 것이라
21. 내가 하나님의 은혜를 폐하지 아니하노니 만일 의롭게 되는 것이 율법으로 말미암으면 그리스도께서 헛되이 죽으셨느니라

갈라디아서 3장

1. 어리석도다 갈라디아 사람들아 예수 그리스도께서 십자가에 못 박히신 것이 너희 눈 앞에 밝히 보이거늘 누가 너희를 꾀더냐
2. 내가 너희에게서 다만 이것을 알려 하노니 너희가 성령을 받은 것이 율법의 행위로냐 혹은 듣고 믿음으로냐
3. 너희가 이같이 어리석으냐 성령으로 시작하였다가 이제는 육체로 마치겠느냐
4. 너희가 이같이 많은 괴로움을 헛되이 받았느냐 과연 헛되냐
5. 너희에게 성령을 주시고 너희 가운데서 능력을 행하시는 이의 일이 율법의 행위에서냐 혹은 듣고 믿음에서냐
6. 아브라함이 하나님을 믿으매 그것을 그에게 의로 정하셨다 함과 같으니라
7. 그런즉 믿음으로 말미암은 자들은 아브라함의 자손인 줄 알지어다
8. 또 하나님이 이방을 믿음으로 말미암아 의로 정하실 것을 성경이 미리 알고 먼저 아브라함에게 복음을 전하되 모든 이방인이 너로 말미암아

복을 받으리라 하였느니라
9. 그러므로 믿음으로 말미암은 자는 믿음이 있는 아브라함과 함께 복을 받느니라
10. 무릇 율법 행위에 속한 자들은 저주 아래에 있나니 기록된 바 누구든지 율법 책에 기록된 대로 모든 일을 항상 행하지 아니하는 자는 저주 아래에 있는 자라 하였음이라
11. 또 하나님 앞에서 아무도 율법으로 말미암아 의롭게 되지 못할 것이 분명하니 이는 의인은 믿음으로 살리라 하였음이라
12. 율법은 믿음에서 난 것이 아니니 율법을 행하는 자는 그 가운데서 살리라 하였느니라
13. 그리스도께서 우리를 위하여 저주를 받은 바 되사 율법의 저주에서 우리를 속량하셨으니 기록된 바 나무에 달린 자마다 저주 아래에 있는 자라 하였음이라
14. 이는 그리스도 예수 안에서 아브라함의 복이 이방인에게 미치게 하고 또 우리로 하여금 믿음으로 말미암아 성령의 약속을 받게 하려 함이라
15. 형제들아 내가 사람의 예대로 말하노니 사람의 언약이라도 정한 후에는 아무도 폐하거나 더하거나 하지 못하느니라
16. 이 약속들은 아브라함과 그 자손에게 말씀하신 것인데 여럿을 가리켜 그 자손들이라 하지 아니하시고 오직 한 사람을 가리켜 네 자손이라 하셨으니 곧 그리스도라
17. 내가 이것을 말하노니 하나님께서 미리 정하신 언약을 사백삼십 년 후에 생긴 율법이 폐기하지 못하고 그 약속을 헛되게 하지 못하리라
18. 만일 그 유업이 율법에서 난 것이면 약속에서 난 것이 아니리라 그러나 하나님이 약속으로 말미암아 아브라함에게 주신 것이라

복을 받으리라 하였느니라
9. 그러므로 믿음으로 말미암은 자는 믿음이 있는 아브라함과 함께 복을 받느니라
10. 무릇 율법 행위에 속한 자들은 저주 아래에 있나니 기록된 바 누구든지 율법 책
에 기록된 대로 모든 일을 항상 행하지 아니하는 자는 저주 아래에 있는 자라
하였음이라
11. 또 하나님 앞에서 아무도 율법으로 말미암아 의롭게 되지 못할 것이 분명하니
이는 의인은 믿음으로 살리라 하였음이라
12. 율법은 믿음에서 난 것이 아니니 율법을 행하는 자는 그 가운데서 살리라 하였
느니라
13. 그리스도께서 우리를 위하여 저주를 받은 바 되사 율법의 저주에서 우리를 속
량하셨으니 기록된 바 나무에 달린 자마다 저주 아래에 있는 자라 하였음이라
14. 이는 그리스도 예수 안에서 아브라함의 복이 이방인에게 미치게 하고 또 우리
로 하여금 믿음으로 말미암아 성령의 약속을 받게 하려 함이라
15. 형제들아 내가 사람의 예대로 말하노니 사람의 언약이라도 정한 후에는 아무도
폐하거나 더하거나 하지 못하느니라
16. 이 약속들은 아브라함과 그 자손에게 말씀하신 것인데 여럿을 가리켜 그 자손
들이라 하지 아니하시고 오직 한 사람을 가리켜 네 자손이라 하셨으니 곧 그리
스도라
17. 내가 이것을 말하노니 하나님께서 미리 정하신 언약을 사백삼십 년 후에 생긴
율법이 폐기하지 못하고 그 약속을 헛되게 하지 못하리라
18. 만일 그 유업이 율법에서 난 것이면 약속에서 난 것이 아니리라 그러나 하나님
이 약속으로 말미암아 아브라함에게 주신 것이라

19. 그런즉 율법은 무엇이냐 범법하므로 더하여진 것이라 천사들을 통하여 한 중보자의 손으로 베푸신 것인데 약속하신 자손이 오시기까지 있을 것이라
20. 그 중보자는 한 편만 위한 자가 아니나 하나님은 한 분이시니라
21. 그러면 율법이 하나님의 약속들과 반대되는 것이냐 결코 그럴 수 없느니라 만일 능히 살게 하는 율법을 주셨더라면 의가 반드시 율법으로 말미암았으리라
22. 그러나 성경이 모든 것을 죄 아래에 가두었으니 이는 예수 그리스도를 믿음으로 말미암는 약속을 믿는 자들에게 주려 함이라
23. 믿음이 오기 전에 우리는 율법 아래에 매인 바 되고 계시될 믿음의 때까지 갇혔느니라
24. 이같이 율법이 우리를 그리스도께로 인도하는 초등교사가 되어 우리로 하여금 믿음으로 말미암아 의롭다 함을 얻게 하려 함이라
25. 믿음이 온 후로는 우리가 초등교사 아래에 있지 아니하도다
26. 너희가 다 믿음으로 말미암아 그리스도 예수 안에서 하나님의 아들이 되었으니
27. 누구든지 그리스도와 합하기 위하여 세례를 받은 자는 그리스도로 옷 입었느니라
28. 너희는 유대인이나 헬라인이나 종이나 자유인이나 남자나 여자나 다 그리스도 예수 안에서 하나이니라
29. 너희가 그리스도의 것이면 곧 아브라함의 자손이요 약속대로 유업을 이을 자니라

19. 그런즉 율법은 무엇이냐 범법하므로 더하여진 것이라 천사들을 통하여 한 중보자의 손으로 베푸신 것인데 약속하신 자손이 오시기까지 있을 것이라
20. 그 중보자는 한 편만 위한 자가 아니나 하나님은 한 분이시니라
21. 그러면 율법이 하나님의 약속들과 반대되는 것이냐 결코 그럴 수 없느니라 만일 능히 살게 하는 율법을 주셨더라면 의가 반드시 율법으로 말미암았으리라
22. 그러나 성경이 모든 것을 죄 아래에 가두었으니 이는 예수 그리스도를 믿음으로 말미암는 약속을 믿는 자들에게 주려 함이라
23. 믿음이 오기 전에 우리는 율법 아래에 매인 바 되고 계시될 믿음의 때까지 갇혔느니라
24. 이같이 율법이 우리를 그리스도께로 인도하는 초등교사가 되어 우리로 하여금 믿음으로 말미암아 의롭다 함을 얻게 하려 함이라
25. 믿음이 온 후로는 우리가 초등교사 아래에 있지 아니하도다
26. 너희가 다 믿음으로 말미암아 그리스도 예수 안에서 하나님의 아들이 되었으니
27. 누구든지 그리스도와 합하기 위하여 세례를 받은 자는 그리스도로 옷 입었느니라
28. 너희는 유대인이나 헬라인이나 종이나 자유인이나 남자나 여자나 다 그리스도 예수 안에서 하나이니라
29. 너희가 그리스도의 것이면 곧 아브라함의 자손이요 약속대로 유업을 이을 자니라

갈라디아서 4장

1. 내가 또 말하노니 유업을 이을 자가 모든 것의 주인이나 어렸을 동안에는 종과 다름이 없어서
2. 그 아버지가 정한 때까지 후견인과 청지기 아래에 있나니
3. 이와 같이 우리도 어렸을 때에 이 세상의 초등학문 아래에 있어서 종 노릇 하였더니
4. 때가 차매 하나님이 그 아들을 보내사 여자에게서 나게 하시고 율법 아래에 나게 하신 것은
5. 율법 아래에 있는 자들을 속량하시고 우리로 아들의 명분을 얻게 하려 하심이라
6. 너희가 아들이므로 하나님이 그 아들의 영을 우리 마음 가운데 보내사 아빠 아버지라 부르게 하셨느니라
7. 그러므로 네가 이 후로는 종이 아니요 아들이니 아들이면 하나님으로 말미암아 유업을 받을 자니라
8. 그러나 너희가 그 때에는 하나님을 알지 못하여 본질상 하나님이 아닌 자들에게 종 노릇 하였더니
9. 이제는 너희가 하나님을 알 뿐 아니라 더욱이 하나님이 아신 바 되었거늘 어찌하여 다시 약하고 천박한 초등학문으로 돌아가서 다시 그들에게 종 노릇 하려 하느냐
10. 너희가 날과 달과 절기와 해를 삼가 지키니
11. 내가 너희를 위하여 수고한 것이 헛될까 두려워하노라
12. 형제들아 내가 너희와 같이 되었은즉 너희도 나와 같이 되기를 구하노라 너희가 내게 해롭게 하지 아니하였느니라

갈라디아서 4장

1. 내가 또 말하노니 유업을 이을 자가 모든 것의 주인이나 어렸을 동안에는 종과 다름이 없어서
2. 그 아버지가 정한 때까지 후견인과 청지기 아래에 있나니
3. 이와 같이 우리도 어렸을 때에 이 세상의 초등학문 아래에 있어서 종 노릇 하였더니
4. 때가 차매 하나님이 그 아들을 보내사 여자에게서 나게 하시고 율법 아래에 나게 하신 것은
5. 율법 아래에 있는 자들을 속량하시고 우리로 아들의 명분을 얻게 하려 하심이라
6. 너희가 아들이므로 하나님이 그 아들의 영을 우리 마음 가운데 보내사 아빠 아버지라 부르게 하셨느니라
7. 그러므로 네가 이 후로는 종이 아니요 아들이니 아들이면 하나님으로 말미암아 유업을 받을 자니라
8. 그러나 너희가 그 때에는 하나님을 알지 못하여 본질상 하나님이 아닌 자들에게 종 노릇 하였더니
9. 이제는 너희가 하나님을 알 뿐 아니라 더욱이 하나님이 아신 바 되었거늘 어찌하여 다시 약하고 천박한 초등학문으로 돌아가서 다시 그들에게 종 노릇 하려 하느냐
10. 너희가 날과 달과 절기와 해를 삼가 지키니
11. 내가 너희를 위하여 수고한 것이 헛될까 두려워하노라
12. 형제들아 내가 너희와 같이 되었은즉 너희도 나와 같이 되기를 구하노라 너희가 내게 해롭게 하지 아니하였느니라

13. 내가 처음에 육체의 약함으로 말미암아 너희에게 복음을 전한 것을 너희가 아는 바라
14. 너희를 시험하는 것이 내 육체에 있으되 이것을 너희가 업신여기지도 아니하며 버리지도 아니하고 오직 나를 하나님의 천사와 같이 또는 그리스도 예수와 같이 영접하였도다
15. 너희의 복이 지금 어디 있느냐 내가 너희에게 증언하노니 너희가 할 수만 있었더라면 너희의 눈이라도 빼어 나에게 주었으리라
16. 그런즉 내가 너희에게 참된 말을 하므로 원수가 되었느냐
17. 그들이 너희에게 대하여 열심 내는 것은 좋은 뜻이 아니요 오직 너희를 이간시켜 너희로 그들에게 대하여 열심을 내게 하려 함이라
18. 좋은 일에 대하여 열심으로 사모함을 받음은 내가 너희를 대하였을 때뿐 아니라 언제든지 좋으니라
19. 나의 자녀들아 너희 속에 그리스도의 형상을 이루기까지 다시 너희를 위하여 해산하는 수고를 하노니
20. 내가 이제라도 너희와 함께 있어 내 언성을 높이려 함은 너희에 대하여 의혹이 있음이라
21. 내게 말하라 율법 아래에 있고자 하는 자들아 율법을 듣지 못하였느냐
22. 기록된 바 아브라함에게 두 아들이 있으니 하나는 여종에게서, 하나는 자유 있는 여자에게서 났다 하였으며
23. 여종에게서는 육체를 따라 났고 자유 있는 여자에게서는 약속으로 말미암았느니라
24. 이것은 비유니 이 여자들은 두 언약이라 하나는 시내 산으로부터 종을

13. 내가 처음에 육체의 약함으로 말미암아 너희에게 복음을 전한 것을 너희가 아는 바라
14. 너희를 시험하는 것이 내 육체에 있으되 이것을 너희가 업신여기지도 아니하며 버리지도 아니하고 오직 나를 하나님의 천사와 같이 또는 그리스도 예수와 같이 영접하였도다
15. 너희의 복이 지금 어디 있느냐 내가 너희에게 증언하노니 너희가 할 수만 있었더라면 너희의 눈이라도 빼어 나에게 주었으리라
16. 그런즉 내가 너희에게 참된 말을 하므로 원수가 되었느냐
17. 그들이 너희에게 대하여 열심 내는 것은 좋은 뜻이 아니요 오직 너희를 이간시켜 너희로 그들에게 대하여 열심을 내게 하려 함이라
18. 좋은 일에 대하여 열심으로 사모함을 받음은 내가 너희를 대하였을 때뿐 아니라 언제든지 좋으니라
19. 나의 자녀들아 너희 속에 그리스도의 형상을 이루기까지 다시 너희를 위하여 해산하는 수고를 하노니
20. 내가 이제라도 너희와 함께 있어 내 언성을 높이려 함은 너희에 대하여 의혹이 있음이라
21. 내게 말하라 율법 아래에 있고자 하는 자들아 율법을 듣지 못하였느냐
22. 기록된 바 아브라함에게 두 아들이 있으니 하나는 여종에게서, 하나는 자유 있는 여자에게서 났다 하였으며
23. 여종에게서는 육체를 따라 났고 자유 있는 여자에게서는 약속으로 말미암았느니라
24. 이것은 비유니 이 여자들은 두 언약이라 하나는 시내 산으로부터 종을

낳은 자니 곧 하갈이라
25. 이 하갈은 아라비아에 있는 시내 산으로서 지금 있는 예루살렘과 같은 곳이니 그가 그 자녀들과 더불어 종 노릇 하고
26. 오직 위에 있는 예루살렘은 자유자니 곧 우리 어머니라
27. 기록된 바 잉태하지 못한 자여 즐거워하라 산고를 모르는 자여 소리 질러 외치라 이는 홀로 사는 자의 자녀가 남편 있는 자의 자녀보다 많음이라 하였으니
28. 형제들아 너희는 이삭과 같이 약속의 자녀라
29. 그러나 그 때에 육체를 따라 난 자가 성령을 따라 난 자를 박해한 것 같이 이제도 그러하도다
30. 그러나 성경이 무엇을 말하느냐 여종과 그 아들을 내쫓으라 여종의 아들이 자유 있는 여자의 아들과 더불어 유업을 얻지 못하리라 하였느니라
31. 그런즉 형제들아 우리는 여종의 자녀가 아니요 자유 있는 여자의 자녀니라

갈라디아서 5장

1. 그리스도께서 우리를 자유롭게 하려고 자유를 주셨으니 그러므로 굳건하게 서서 다시는 종의 멍에를 메지 말라
2. 보라 나 바울은 너희에게 말하노니 너희가 만일 할례를 받으면 그리스도께서 너희에게 아무 유익이 없으리라
3. 내가 할례를 받는 각 사람에게 다시 증언하노니 그는 율법 전체를 행할 의무를 가진 자라
4. 율법 안에서 의롭다 함을 얻으려 하는 너희는 그리스도에게서 끊어지고 은혜에서 떨어진 자로다

낳은 자니 곧 하갈이라
25. 이 하갈은 아라비아에 있는 시내 산으로서 지금 있는 예루살렘과 같은 곳이니 그가 그 자녀들과 더불어 종 노릇 하고
26. 오직 위에 있는 예루살렘은 자유자니 곧 우리 어머니라
27. 기록된 바 잉태하지 못한 자여 즐거워하라 산고를 모르는 자여 소리 질러 외치라 이는 홀로 사는 자의 자녀가 남편 있는 자의 자녀보다 많음이라 하였으니
28. 형제들아 너희는 이삭과 같이 약속의 자녀라
29. 그러나 그 때에 육체를 따라 난 자가 성령을 따라 난 자를 박해한 것 같이 이제도 그러하도다
30. 그러나 성경이 무엇을 말하느냐 여종과 그 아들을 내쫓으라 여종의 아들이 자유 있는 여자의 아들과 더불어 유업을 얻지 못하리라 하였느니라
31. 그런즉 형제들아 우리는 여종의 자녀가 아니요 자유 있는 여자의 자녀니라

갈라디아서 5장

1. 그리스도께서 우리를 자유롭게 하려고 자유를 주셨으니 그러므로 굳건하게 서서 다시는 종의 멍에를 메지 말라
2. 보라 나 바울은 너희에게 말하노니 너희가 만일 할례를 받으면 그리스도께서 너희에게 아무 유익이 없으리라
3. 내가 할례를 받는 각 사람에게 다시 증언하노니 그는 율법 전체를 행할 의무를 가진 자라
4. 율법 안에서 의롭다 함을 얻으려 하는 너희는 그리스도에게서 끊어지고 은혜에서 떨어진 자로다

5. 우리가 성령으로 믿음을 따라 의의 소망을 기다리노니
6. 그리스도 예수 안에서는 할례나 무할례나 효력이 없으되 사랑으로써 역
사하는 믿음뿐이니라
7. 너희가 달음질을 잘 하더니 누가 너희를 막아 진리를 순종하지 못하게
하더냐
8. 그 권면은 너희를 부르신 이에게서 난 것이 아니니라
9. 적은 누룩이 온 덩이에 퍼지느니라
10. 나는 너희가 아무 다른 마음을 품지 아니할 줄을 주 안에서 확신하노라
그러나 너희를 요동하게 하는 자는 누구든지 심판을 받으리라
11. 형제들아 내가 지금까지 할례를 전한다면 어찌하여 지금까지 박해를 받
으리요 그리하였으면 십자가의 걸림돌이 제거되었으리니
12. 너희를 어지럽게 하는 자들은 스스로 베어 버리기를 원하노라
13. 형제들아 너희가 자유를 위하여 부르심을 입었으나 그러나 그 자유로
육체의 기회를 삼지 말고 오직 사랑으로 서로 종 노릇 하라
14. 온 율법은 네 이웃 사랑하기를 네 자신 같이 하라 하신 한 말씀에서 이
루어졌나니
15. 만일 서로 물고 먹으면 피차 멸망할까 조심하라
16. 내가 이르노니 너희는 성령을 따라 행하라 그리하면 육체의 욕심을 이
루지 아니하리라
17. 육체의 소욕은 성령을 거스르고 성령은 육체를 거스르나니 이 둘이 서
로 대적함으로 너희가 원하는 것을 하지 못하게 하려 함이니라
18. 너희가 만일 성령의 인도하시는 바가 되면 율법 아래에 있지 아니하리라

5. 우리가 성령으로 믿음을 따라 의의 소망을 기다리노니
6. 그리스도 예수 안에서는 할례나 무할례나 효력이 없으되 사랑으로써 역
사하는 믿음뿐이니라
7. 너희가 달음질을 잘 하더니 누가 너희를 막아 진리를 순종하지 못하게
하더냐
8. 그 권면은 너희를 부르신 이에게서 난 것이 아니니라
9. 적은 누룩이 온 덩이에 퍼지느니라
10. 나는 너희가 아무 다른 마음을 품지 아니할 줄을 주 안에서 확신하노라
그러나 너희를 요동하게 하는 자는 누구든지 심판을 받으리라
11. 형제들아 내가 지금까지 할례를 전한다면 어찌하여 지금까지 박해를 받
으리요 그리하였으면 십자가의 걸림돌이 제거되었으리니
12. 너희를 어지럽게 하는 자들은 스스로 베어 버리기를 원하노라
13. 형제들아 너희가 자유를 위하여 부르심을 입었으나 그러나 그 자유로
육체의 기회를 삼지 말고 오직 사랑으로 서로 종 노릇 하라
14. 온 율법은 네 이웃 사랑하기를 네 자신 같이 하라 하신 한 말씀에서 이
루어졌나니
15. 만일 서로 물고 먹으면 피차 멸망할까 조심하라
16. 내가 이르노니 너희는 성령을 따라 행하라 그리하면 육체의 욕심을 이
루지 아니하리라
17. 육체의 소욕은 성령을 거스르고 성령은 육체를 거스르나니 이 둘이 서
로 대적함으로 너희가 원하는 것을 하지 못하게 하려 함이니라
18. 너희가 만일 성령의 인도하시는 바가 되면 율법 아래에 있지 아니하리라

19. 육체의 일은 분명하니 곧 음행과 더러운 것과 호색과
20. 우상 숭배와 주술과 원수 맺는 것과 분쟁과 시기와 분냄과 당 짓는 것과 분열함과 이단과
21. 투기와 술 취함과 방탕함과 또 그와 같은 것들이라 전에 너희에게 경계한 것 같이 경계하노니 이런 일을 하는 자들은 하나님의 나라를 유업으로 받지 못할 것이요
22. 오직 성령의 열매는 사랑과 희락과 화평과 오래 참음과 자비와 양선과 충성과
23. 온유와 절제니 이같은 것을 금지할 법이 없느니라
24. 그리스도 예수의 사람들은 육체와 함께 그 정욕과 탐심을 십자가에 못 박았느니라
25. 만일 우리가 성령으로 살면 또한 성령으로 행할지니
26. 헛된 영광을 구하여 서로 노엽게 하거나 서로 투기하지 말지니라

갈라디아서 6장

1. 형제들아 사람이 만일 무슨 범죄한 일이 드러나거든 신령한 너희는 온유한 심령으로 그러한 자를 바로잡고 너 자신을 살펴보아 너도 시험을 받을까 두려워하라
2. 너희가 짐을 서로 지라 그리하여 그리스도의 법을 성취하라
3. 만일 누가 아무 것도 되지 못하고 된 줄로 생각하면 스스로 속임이라
4. 각각 자기의 일을 살피라 그리하면 자랑할 것이 자기에게는 있어도 남에게는 있지 아니하리니
5. 각각 자기의 짐을 질 것이라
6. 가르침을 받는 자는 말씀을 가르치는 자와 모든 좋은 것을 함께 하라
7. 스스로 속이지 말라 하나님은 업신여김을 받지 아니하시나니 사람이 무엇으로 심든지 그대로 거두리라

19. 육체의 일은 분명하니 곧 음행과 더러운 것과 호색과
20. 우상 숭배와 주술과 원수 맺는 것과 분쟁과 시기와 분냄과 당 짓는 것과 분열함과 이단과
21. 투기와 술 취함과 방탕함과 또 그와 같은 것들이라 전에 너희에게 경계한 것 같이 경계하노니 이런 일을 하는 자들은 하나님의 나라를 유업으로 받지 못할 것이요
22. 오직 성령의 열매는 사랑과 희락과 화평과 오래 참음과 자비와 양선과 충성과
23. 온유와 절제니 이같은 것을 금지할 법이 없느니라
24. 그리스도 예수의 사람들은 육체와 함께 그 정욕과 탐심을 십자가에 못 박았느니라
25. 만일 우리가 성령으로 살면 또한 성령으로 행할지니
26. 헛된 영광을 구하여 서로 노엽게 하거나 서로 투기하지 말지니라

갈라디아서 6장

1. 형제들아 사람이 만일 무슨 범죄한 일이 드러나거든 신령한 너희는 온유한 심령으로 그러한 자를 바로잡고 너 자신을 살펴보아 너도 시험을 받을까 두려워하라
2. 너희가 짐을 서로 지라 그리하여 그리스도의 법을 성취하라
3. 만일 누가 아무 것도 되지 못하고 된 줄로 생각하면 스스로 속임이라
4. 각각 자기의 일을 살피라 그리하면 자랑할 것이 자기에게는 있어도 남에게는 있지 아니하리니
5. 각각 자기의 짐을 질 것이라
6. 가르침을 받는 자는 말씀을 가르치는 자와 모든 좋은 것을 함께 하라
7. 스스로 속이지 말라 하나님은 업신여김을 받지 아니하시나니 사람이 무엇으로 심든지 그대로 거두리라

8. 자기의 육체를 위하여 심는 자는 육체로부터 썩어질 것을 거두고 성령을 위하여 심는 자는 성령으로부터 영생을 거두리라
9. 우리가 선을 행하되 낙심하지 말지니 포기하지 아니하면 때가 이르매 거두리라
10. 그러므로 우리는 기회 있는 대로 모든 이에게 착한 일을 하되 더욱 믿음의 가정들에게 할지니라
11. 내 손으로 너희에게 이렇게 큰 글자로 쓴 것을 보라
12. 무릇 육체의 모양을 내려 하는 자들이 억지로 너희에게 할례를 받게 함은 그들이 그리스도의 십자가로 말미암아 박해를 면하려 함뿐이라
13. 할례를 받은 그들이라도 스스로 율법은 지키지 아니하고 너희에게 할례를 받게 하려 하는 것은 그들이 너희의 육체로 자랑하려 함이라
14. 그러나 내게는 우리 주 예수 그리스도의 십자가 외에 결코 자랑할 것이 없으니 그리스도로 말미암아 세상이 나를 대하여 십자가에 못 박히고 내가 또한 세상을 대하여 그러하니라
15. 할례나 무할례가 아무 것도 아니로되 오직 새로 지으심을 받는 것만이 중요하니라
16. 무릇 이 규례를 행하는 자에게와 하나님의 이스라엘에게 평강과 긍휼이 있을지어다
17. 이 후로는 누구든지 나를 괴롭게 하지 말라 내가 내 몸에 예수의 흔적을 지니고 있노라
18. 형제들아 우리 주 예수 그리스도의 은혜가 너희 심령에 있을지어다 아멘

8. 자기의 육체를 위하여 심는 자는 육체로부터 썩어질 것을 거두고 성령을 위하여 심는 자는 성령으로부터 영생을 거두리라
9. 우리가 선을 행하되 낙심하지 말지니 포기하지 아니하면 때가 이르매 거두리라
10. 그러므로 우리는 기회 있는 대로 모든 이에게 착한 일을 하되 더욱 믿음의 가정들에게 할지니라
11. 내 손으로 너희에게 이렇게 큰 글자로 쓴 것을 보라
12. 무릇 육체의 모양을 내려 하는 자들이 억지로 너희에게 할례를 받게 함은 그들이 그리스도의 십자가로 말미암아 박해를 면하려 함뿐이라
13. 할례를 받은 그들이라도 스스로 율법은 지키지 아니하고 너희에게 할례를 받게 하려 하는 것은 그들이 너희의 육체로 자랑하려 함이라
14. 그러나 내게는 우리 주 예수 그리스도의 십자가 외에 결코 자랑할 것이 없으니 그리스도로 말미암아 세상이 나를 대하여 십자가에 못 박히고 내가 또한 세상을 대하여 그러하니라
15. 할례나 무할례가 아무 것도 아니로되 오직 새로 지으심을 받는 것만이 중요하니라
16. 무릇 이 규례를 행하는 자에게와 하나님의 이스라엘에게 평강과 긍휼이 있을지어다
17. 이 후로는 누구든지 나를 괴롭게 하지 말라 내가 내 몸에 예수의 흔적을 지니고 있노라
18. 형제들아 우리 주 예수 그리스도의 은혜가 너희 심령에 있을지어다 아멘

에베소서 1장

1. 하나님의 뜻으로 말미암아 그리스도 예수의 사도 된 바울은 에베소에 있는 성도들과 그리스도 예수 안에 있는 신실한 자들에게 편지하노니
2. 하나님 우리 아버지와 주 예수 그리스도로부터 은혜와 평강이 너희에게 있을지어다
3. 찬송하리로다 하나님 곧 우리 주 예수 그리스도의 아버지께서 그리스도 안에서 하늘에 속한 모든 신령한 복을 우리에게 주시되
4. 곧 창세 전에 그리스도 안에서 우리를 택하사 우리로 사랑 안에서 그 앞에 거룩하고 흠이 없게 하시려고
5. 그 기쁘신 뜻대로 우리를 예정하사 예수 그리스도로 말미암아 자기의 아들들이 되게 하셨으니
6. 이는 그가 사랑하시는 자 안에서 우리에게 거저 주시는 바 그의 은혜의 영광을 찬송하게 하려는 것이라
7. 우리는 그리스도 안에서 그의 은혜의 풍성함을 따라 그의 피로 말미암아 속량 곧 죄 사함을 받았느니라
8. 이는 그가 모든 지혜와 총명을 우리에게 넘치게 하사
9. 그 뜻의 비밀을 우리에게 알리신 것이요 그의 기뻐하심을 따라 그리스도 안에서 때가 찬 경륜을 위하여 예정하신 것이니
10. 하늘에 있는 것이나 땅에 있는 것이 다 그리스도 안에서 통일되게 하려 하심이라
11. 모든 일을 그의 뜻의 결정대로 일하시는 이의 계획을 따라 우리가 예정을 입어 그 안에서 기업이 되었으니

에베소서 1장

1. 하나님의 뜻으로 말미암아 그리스도 예수의 사도 된 바울은 에베소에 있는 성도들과 그리스도 예수 안에 있는 신실한 자들에게 편지하노니
2. 하나님 우리 아버지와 주 예수 그리스도로부터 은혜와 평강이 너희에게 있을지어다
3. 찬송하리로다 하나님 곧 우리 주 예수 그리스도의 아버지께서 그리스도 안에서 하늘에 속한 모든 신령한 복을 우리에게 주시되
4. 곧 창세 전에 그리스도 안에서 우리를 택하사 우리로 사랑 안에서 그 앞에 거룩하고 흠이 없게 하시려고
5. 그 기쁘신 뜻대로 우리를 예정하사 예수 그리스도로 말미암아 자기의 아들들이 되게 하셨으니
6. 이는 그가 사랑하시는 자 안에서 우리에게 거저 주시는 바 그의 은혜의 영광을 찬송하게 하려는 것이라
7. 우리는 그리스도 안에서 그의 은혜의 풍성함을 따라 그의 피로 말미암아 속량 곧 죄 사함을 받았느니라
8. 이는 그가 모든 지혜와 총명을 우리에게 넘치게 하사
9. 그 뜻의 비밀을 우리에게 알리신 것이요 그의 기뻐하심을 따라 그리스도 안에서 때가 찬 경륜을 위하여 예정하신 것이니
10. 하늘에 있는 것이나 땅에 있는 것이 다 그리스도 안에서 통일되게 하려 하심이라
11. 모든 일을 그의 뜻의 결정대로 일하시는 이의 계획을 따라 우리가 예정을 입어 그 안에서 기업이 되었으니

12. 이는 우리가 그리스도 안에서 전부터 바라던 그의 영광의 찬송이 되게 하려 하심이라
13. 그 안에서 너희도 진리의 말씀 곧 너희의 구원의 복음을 듣고 그 안에서 또한 믿어 약속의 성령으로 인치심을 받았으니
14. 이는 우리 기업의 보증이 되사 그 얻으신 것을 속량하시고 그의 영광을 찬송하게 하려 하심이라
15. 이로 말미암아 주 예수 안에서 너희 믿음과 모든 성도를 향한 사랑을 나도 듣고
16. 내가 기도할 때에 기억하며 너희로 말미암아 감사하기를 그치지 아니하고
17. 우리 주 예수 그리스도의 하나님, 영광의 아버지께서 지혜와 계시의 영을 너희에게 주사 하나님을 알게 하시고
18. 너희 마음의 눈을 밝히사 그의 부르심의 소망이 무엇이며 성도 안에서 그 기업의 영광의 풍성함이 무엇이며
19. 그의 힘의 위력으로 역사하심을 따라 믿는 우리에게 베푸신 능력의 지극히 크심이 어떠한 것을 너희로 알게 하시기를 구하노라
20. 그의 능력이 그리스도 안에서 역사하사 죽은 자들 가운데서 다시 살리시고 하늘에서 자기의 오른편에 앉히사
21. 모든 통치와 권세와 능력과 주권과 이 세상뿐 아니라 오는 세상에 일컫는 모든 이름 위에 뛰어나게 하시고
22. 또 만물을 그의 발 아래에 복종하게 하시고 그를 만물 위에 교회의 머리로 삼으셨느니라

12. 이는 우리가 그리스도 안에서 전부터 바라던 그의 영광의 찬송이 되게 하려 하심이라
13. 그 안에서 너희도 진리의 말씀 곧 너희의 구원의 복음을 듣고 그 안에서 또한 믿어 약속의 성령으로 인치심을 받았으니
14. 이는 우리 기업의 보증이 되사 그 얻으신 것을 속량하시고 그의 영광을 찬송하게 하려 하심이라
15. 이로 말미암아 주 예수 안에서 너희 믿음과 모든 성도를 향한 사랑을 나도 듣고
16. 내가 기도할 때에 기억하며 너희로 말미암아 감사하기를 그치지 아니하고
17. 우리 주 예수 그리스도의 하나님, 영광의 아버지께서 지혜와 계시의 영을 너희에게 주사 하나님을 알게 하시고
18. 너희 마음의 눈을 밝히사 그의 부르심의 소망이 무엇이며 성도 안에서 그 기업의 영광의 풍성함이 무엇이며
19. 그의 힘의 위력으로 역사하심을 따라 믿는 우리에게 베푸신 능력의 지극히 크심이 어떠한 것을 너희로 알게 하시기를 구하노라
20. 그의 능력이 그리스도 안에서 역사하사 죽은 자들 가운데서 다시 살리시고 하늘에서 자기의 오른편에 앉히사
21. 모든 통치와 권세와 능력과 주권과 이 세상뿐 아니라 오는 세상에 일컫는 모든 이름 위에 뛰어나게 하시고
22. 또 만물을 그의 발 아래에 복종하게 하시고 그를 만물 위에 교회의 머리로 삼으셨느니라

23. 교회는 그의 몸이니 만물 안에서 만물을 충만하게 하시는 이의 충만함이니라

에베소서 2장

1. 그는 허물과 죄로 죽었던 너희를 살리셨도다
2. 그 때에 너희는 그 가운데서 행하여 이 세상 풍조를 따르고 공중의 권세 잡은 자를 따랐으니 곧 지금 불순종의 아들들 가운데서 역사하는 영이라
3. 전에는 우리도 다 그 가운데서 우리 육체의 욕심을 따라 지내며 육체와 마음의 원하는 것을 하여 다른 이들과 같이 본질상 진노의 자녀이었더니
4. 긍휼이 풍성하신 하나님이 우리를 사랑하신 그 큰 사랑을 인하여
5. 허물로 죽은 우리를 그리스도와 함께 살리셨고 (너희는 은혜로 구원을 받은 것이라)
6. 또 함께 일으키사 그리스도 예수 안에서 함께 하늘에 앉히시니
7. 이는 그리스도 예수 안에서 우리에게 자비하심으로써 그 은혜의 지극히 풍성함을 오는 여러 세대에 나타내려 하심이라
8. 너희는 그 은혜에 의하여 믿음으로 말미암아 구원을 받았으니 이것은 너희에게서 난 것이 아니요 하나님의 선물이라
9. 행위에서 난 것이 아니니 이는 누구든지 자랑하지 못하게 함이라
10. 우리는 그가 만드신 바라 그리스도 예수 안에서 선한 일을 위하여 지으심을 받은 자니 이 일은 하나님이 전에 예비하사 우리로 그 가운데서 행하게 하려 하심이니라
11. 그러므로 생각하라 너희는 그 때에 육체로는 이방인이요 손으로 육체에 행한 할례를 받은 무리라 칭하는 자들로부터 할례를 받지 않은 무리라 칭함을 받는

23. 교회는 그의 몸이니 만물 안에서 만물을 충만하게 하시는 이의 충만함이니라

에베소서 2장

1. 그는 허물과 죄로 죽었던 너희를 살리셨도다
2. 그 때에 너희는 그 가운데서 행하여 이 세상 풍조를 따르고 공중의 권세 잡은 자를 따랐으니 곧 지금 불순종의 아들들 가운데서 역사하는 영이라
3. 전에는 우리도 다 그 가운데서 우리 육체의 욕심을 따라 지내며 육체와 마음의 원하는 것을 하여 다른 이들과 같이 본질상 진노의 자녀이었더니
4. 긍휼이 풍성하신 하나님이 우리를 사랑하신 그 큰 사랑을 인하여
5. 허물로 죽은 우리를 그리스도와 함께 살리셨고 (너희는 은혜로 구원을 받은 것이라)
6. 또 함께 일으키사 그리스도 예수 안에서 함께 하늘에 앉히시니
7. 이는 그리스도 예수 안에서 우리에게 자비하심으로써 그 은혜의 지극히 풍성함을 오는 여러 세대에 나타내려 하심이라
8. 너희는 그 은혜에 의하여 믿음으로 말미암아 구원을 받았으니 이것은 너희에게서 난 것이 아니요 하나님의 선물이라
9. 행위에서 난 것이 아니니 이는 누구든지 자랑하지 못하게 함이라
10. 우리는 그가 만드신 바라 그리스도 예수 안에서 선한 일을 위하여 지으심을 받은 자니 이 일은 하나님이 전에 예비하사 우리로 그 가운데서 행하게 하려 하심이니라
11. 그러므로 생각하라 너희는 그 때에 육체로는 이방인이요 손으로 육체에 행한 할례를 받은 무리라 칭하는 자들로부터 할례를 받지 않은 무리라 칭함을 받는

자들이라
12. 그 때에 너희는 그리스도 밖에 있었고 이스라엘 나라 밖의 사람이라 약
속의 언약들에 대하여는 외인이요 세상에서 소망이 없고 하나님도 없는
자이더니
13. 이제는 전에 멀리 있던 너희가 그리스도 예수 안에서 그리스도의 피로
가까워졌느니라
14. 그는 우리의 화평이신지라 둘로 하나를 만드사 원수 된 것 곧 중간에 막
힌 담을 자기 육체로 허시고
15. 법조문으로 된 계명의 율법을 폐하셨으니 이는 이 둘로 자기 안에서 한
새 사람을 지어 화평하게 하시고
16. 또 십자가로 이 둘을 한 몸으로 하나님과 화목하게 하려 하심이라 원수
된 것을 십자가로 소멸하시고
17. 또 오셔서 먼 데 있는 너희에게 평안을 전하시고 가까운 데 있는 자들에
게 평안을 전하셨으니
18. 이는 그로 말미암아 우리 둘이 한 성령 안에서 아버지께 나아감을 얻게
하려 하심이라
19. 그러므로 이제부터 너희는 외인도 아니요 나그네도 아니요 오직 성도들
과 동일한 시민이요 하나님의 권속이라
20. 너희는 사도들과 선지자들의 터 위에 세우심을 입은 자라 그리스도 예
수께서 친히 모퉁잇돌이 되셨느니라
21. 그의 안에서 건물마다 서로 연결하여 주 안에서 성전이 되어 가고
22. 너희도 성령 안에서 하나님이 거하실 처소가 되기 위하여 그리스도 예

자들이라
12. 그 때에 너희는 그리스도 밖에 있었고 이스라엘 나라 밖의 사람이라 약
속의 언약들에 대하여는 외인이요 세상에서 소망이 없고 하나님도 없는
자이더니
13. 이제는 전에 멀리 있던 너희가 그리스도 예수 안에서 그리스도의 피로
가까워졌느니라
14. 그는 우리의 화평이신지라 둘로 하나를 만드사 원수 된 것 곧 중간에 막
힌 담을 자기 육체로 허시고
15. 법조문으로 된 계명의 율법을 폐하셨으니 이는 이 둘로 자기 안에서 한
새 사람을 지어 화평하게 하시고
16. 또 십자가로 이 둘을 한 몸으로 하나님과 화목하게 하려 하심이라 원수
된 것을 십자가로 소멸하시고
17. 또 오셔서 먼 데 있는 너희에게 평안을 전하시고 가까운 데 있는 자들에
게 평안을 전하셨으니
18. 이는 그로 말미암아 우리 둘이 한 성령 안에서 아버지께 나아감을 얻게
하려 하심이라
19. 그러므로 이제부터 너희는 외인도 아니요 나그네도 아니요 오직 성도들
과 동일한 시민이요 하나님의 권속이라
20. 너희는 사도들과 선지자들의 터 위에 세우심을 입은 자라 그리스도 예
수께서 친히 모퉁잇돌이 되셨느니라
21. 그의 안에서 건물마다 서로 연결하여 주 안에서 성전이 되어 가고
22. 너희도 성령 안에서 하나님이 거하실 처소가 되기 위하여 그리스도 예

수 안에서 함께 지어져 가느니라

에베소서 3장

1. 이러므로 그리스도 예수의 일로 너희 이방인을 위하여 갇힌 자 된 나 바울이 말하거니와
2. 너희를 위하여 내게 주신 하나님의 그 은혜의 경륜을 너희가 들었을 터이라
3. 곧 계시로 내게 비밀을 알게 하신 것은 내가 먼저 간단히 기록함과 같으니
4. 그것을 읽으면 내가 그리스도의 비밀을 깨달은 것을 너희가 알 수 있으리라
5. 이제 그의 거룩한 사도들과 선지자들에게 성령으로 나타내신 것 같이 다른 세대에서는 사람의 아들들에게 알리지 아니하셨으니
6. 이는 이방인들이 복음으로 말미암아 그리스도 예수 안에서 함께 상속자가 되고 함께 지체가 되고 함께 약속에 참여하는 자가 됨이라
7. 이 복음을 위하여 그의 능력이 역사하시는 대로 내게 주신 하나님의 은혜의 선물을 따라 내가 일꾼이 되었노라
8. 모든 성도 중에 지극히 작은 자보다 더 작은 나에게 이 은혜를 주신 것은 측량할 수 없는 그리스도의 풍성함을 이방인에게 전하게 하시고
9. 영원부터 만물을 창조하신 하나님 속에 감추어졌던 비밀의 경륜이 어떠한 것을 드러내게 하려 하심이라
10. 이는 이제 교회로 말미암아 하늘에 있는 통치자들과 권세들에게 하나님의 각종 지혜를 알게 하려 하심이니
11. 곧 영원부터 우리 주 그리스도 예수 안에서 예정하신 뜻대로 하신 것이라
12. 우리가 그 안에서 그를 믿음으로 말미암아 담대함과 확신을 가지고 하나님께

수 안에서 함께 지어져 가느니라

에베소서 3장

1. 이러므로 그리스도 예수의 일로 너희 이방인을 위하여 갇힌 자 된 나 바울이 말하거니와
2. 너희를 위하여 내게 주신 하나님의 그 은혜의 경륜을 너희가 들었을 터이라
3. 곧 계시로 내게 비밀을 알게 하신 것은 내가 먼저 간단히 기록함과 같으니
4. 그것을 읽으면 내가 그리스도의 비밀을 깨달은 것을 너희가 알 수 있으리라
5. 이제 그의 거룩한 사도들과 선지자들에게 성령으로 나타내신 것 같이 다른 세대에서는 사람의 아들들에게 알리지 아니하셨으니
6. 이는 이방인들이 복음으로 말미암아 그리스도 예수 안에서 함께 상속자가 되고 함께 지체가 되고 함께 약속에 참여하는 자가 됨이라
7. 이 복음을 위하여 그의 능력이 역사하시는 대로 내게 주신 하나님의 은혜의 선물을 따라 내가 일꾼이 되었노라
8. 모든 성도 중에 지극히 작은 자보다 더 작은 나에게 이 은혜를 주신 것은 측량할 수 없는 그리스도의 풍성함을 이방인에게 전하게 하시고
9. 영원부터 만물을 창조하신 하나님 속에 감추어졌던 비밀의 경륜이 어떠한 것을 드러내게 하려 하심이라
10. 이는 이제 교회로 말미암아 하늘에 있는 통치자들과 권세들에게 하나님의 각종 지혜를 알게 하려 하심이니
11. 곧 영원부터 우리 주 그리스도 예수 안에서 예정하신 뜻대로 하신 것이라
12. 우리가 그 안에서 그를 믿음으로 말미암아 담대함과 확신을 가지고 하나님께

나아감을 얻느니라
13. 그러므로 너희에게 구하노니 너희를 위한 나의 여러 환난에 대하여 낙심하지 말라 이는 너희의 영광이니라
14. 이러므로 내가 하늘과 땅에 있는 각 족속에게
15. 이름을 주신 아버지 앞에 무릎을 꿇고 비노니
16. 그의 영광의 풍성함을 따라 그의 성령으로 말미암아 너희 속사람을 능력으로 강건하게 하시오며
17. 믿음으로 말미암아 그리스도께서 너희 마음에 계시게 하시옵고 너희가 사랑 가운데서 뿌리가 박히고 터가 굳어져서
18. 능히 모든 성도와 함께 지식에 넘치는 그리스도의 사랑을 알고
19. 그 너비와 길이와 높이와 깊이가 어떠함을 깨달아 하나님의 모든 충만하신 것으로 너희에게 충만하게 하시기를 구하노라
20. 우리 가운데서 역사하시는 능력대로 우리가 구하거나 생각하는 모든 것에 더 넘치도록 능히 하실 이에게
21. 교회 안에서와 그리스도 예수 안에서 영광이 대대로 영원무궁하기를 원하노라 아멘

에베소서 4장
1. 그러므로 주 안에서 갇힌 내가 너희를 권하노니 너희가 부르심을 받은 일에 합당하게 행하여
2. 모든 겸손과 온유로 하고 오래 참음으로 사랑 가운데서 서로 용납하고
3. 평안의 매는 줄로 성령이 하나 되게 하신 것을 힘써 지키라

나아감을 얻느니라
13. 그러므로 너희에게 구하노니 너희를 위한 나의 여러 환난에 대하여 낙
심하지 말라 이는 너희의 영광이니라
14. 이러므로 내가 하늘과 땅에 있는 각 족속에게
15. 이름을 주신 아버지 앞에 무릎을 꿇고 비노니
16. 그의 영광의 풍성함을 따라 그의 성령으로 말미암아 너희 속사람을 능
력으로 강건하게 하시오며
17. 믿음으로 말미암아 그리스도께서 너희 마음에 계시게 하시옵고 너희가
사랑 가운데서 뿌리가 박히고 터가 굳어져서
18. 능히 모든 성도와 함께 지식에 넘치는 그리스도의 사랑을 알고
19. 그 너비와 길이와 높이와 깊이가 어떠함을 깨달아 하나님의 모든 충만
하신 것으로 너희에게 충만하게 하시기를 구하노라
20. 우리 가운데서 역사하시는 능력대로 우리가 구하거나 생각하는 모든 것
에 더 넘치도록 능히 하실 이에게
21. 교회 안에서와 그리스도 예수 안에서 영광이 대대로 영원무궁하기를 원
하노라 아멘

에베소서 4장

1. 그러므로 주 안에서 갇힌 내가 너희를 권하노니 너희가 부르심을 받은
일에 합당하게 행하여
2. 모든 겸손과 온유로 하고 오래 참음으로 사랑 가운데서 서로 용납하고
3. 평안의 매는 줄로 성령이 하나 되게 하신 것을 힘써 지키라

4. 몸이 하나요 성령도 한 분이시니 이와 같이 너희가 부르심의 한 소망 안에서 부르심을 받았느니라
5. 주도 한 분이시요 믿음도 하나요 세례도 하나요
6. 하나님도 한 분이시니 곧 만유의 아버지시라 만유 위에 계시고 만유를 통일하시고 만유 가운데 계시도다
7. 우리 각 사람에게 그리스도의 선물의 분량대로 은혜를 주셨나니
8. 그러므로 이르기를 그가 위로 올라가실 때에 사로잡혔던 자들을 사로잡으시고 사람들에게 선물을 주셨다 하였도다
9. 올라가셨다 하였은즉 땅 아래 낮은 곳으로 내리셨던 것이 아니면 무엇이냐
10. 내리셨던 그가 곧 모든 하늘 위에 오르신 자니 이는 만물을 충만하게 하려 하심이라
11. 그가 어떤 사람은 사도로, 어떤 사람은 선지자로, 어떤 사람은 복음 전하는 자로, 어떤 사람은 목사와 교사로 삼으셨으니
12. 이는 성도를 온전하게 하여 봉사의 일을 하게 하며 그리스도의 몸을 세우려 하심이라
13. 우리가 다 하나님의 아들을 믿는 것과 아는 일에 하나가 되어 온전한 사람을 이루어 그리스도의 장성한 분량이 충만한 데까지 이르리니
14. 이는 우리가 이제부터 어린 아이가 되지 아니하여 사람의 속임수와 간사한 유혹에 빠져 온갖 교훈의 풍조에 밀려 요동하지 않게 하려 함이라
15. 오직 사랑 안에서 참된 것을 하여 범사에 그에게까지 자랄지라 그는 머리니 곧 그리스도라
16. 그에게서 온 몸이 각 마디를 통하여 도움을 받음으로 연결되고 결합되어 각 지

4. 몸이 하나요 성령도 한 분이시니 이와 같이 너희가 부르심의 한 소망 안에서 부르심을 받았느니라
5. 주도 한 분이시요 믿음도 하나요 세례도 하나요
6. 하나님도 한 분이시니 곧 만유의 아버지시라 만유 위에 계시고 만유를 통일하시고 만유 가운데 계시도다
7. 우리 각 사람에게 그리스도의 선물의 분량대로 은혜를 주셨나니
8. 그러므로 이르기를 그가 위로 올라가실 때에 사로잡혔던 자들을 사로잡으시고 사람들에게 선물을 주셨다 하였도다
9. 올라가셨다 하였은즉 땅 아래 낮은 곳으로 내리셨던 것이 아니면 무엇이냐
10. 내리셨던 그가 곧 모든 하늘 위에 오르신 자니 이는 만물을 충만하게 하려 하심이라
11. 그가 어떤 사람은 사도로, 어떤 사람은 선지자로, 어떤 사람은 복음 전하는 자로, 어떤 사람은 목사와 교사로 삼으셨으니
12. 이는 성도를 온전하게 하여 봉사의 일을 하게 하며 그리스도의 몸을 세우려 하심이라
13. 우리가 다 하나님의 아들을 믿는 것과 아는 일에 하나가 되어 온전한 사람을 이루어 그리스도의 장성한 분량이 충만한 데까지 이르리니
14. 이는 우리가 이제부터 어린 아이가 되지 아니하여 사람의 속임수와 간사한 유혹에 빠져 온갖 교훈의 풍조에 밀려 요동하지 않게 하려 함이라
15. 오직 사랑 안에서 참된 것을 하여 범사에 그에게까지 자랄지라 그는 머리니 곧 그리스도라
16. 그에게서 온 몸이 각 마디를 통하여 도움을 받음으로 연결되고 결합되어 각 지

체의 분량대로 역사하여 그 몸을 자라게 하며 사랑 안에서 스스로 세우느니라
17. 그러므로 내가 이것을 말하며 주 안에서 증언하노니 이제부터 너희는 이방인이 그 마음의 허망한 것으로 행함 같이 행하지 말라
18. 그들의 총명이 어두워지고 그들 가운데 있는 무지함과 그들의 마음이 굳어짐으로 말미암아 하나님의 생명에서 떠나 있도다
19. 그들이 감각 없는 자가 되어 자신을 방탕에 방임하여 모든 더러운 것을 욕심으로 행하되
20. 오직 너희는 그리스도를 그같이 배우지 아니하였느니라
21. 진리가 예수 안에 있는 것 같이 너희가 참으로 그에게서 듣고 또한 그 안에서 가르침을 받았을진대
22. 너희는 유혹의 욕심을 따라 썩어져 가는 구습을 따르는 옛 사람을 벗어 버리고
23. 오직 너희의 심령이 새롭게 되어
24. 하나님을 따라 의와 진리의 거룩함으로 지으심을 받은 새 사람을 입으라
25. 그런즉 거짓을 버리고 각각 그 이웃과 더불어 참된 것을 말하라 이는 우리가 서로 지체가 됨이라
26. 분을 내어도 죄를 짓지 말며 해가 지도록 분을 품지 말고
27. 마귀에게 틈을 주지 말라
28. 도둑질하는 자는 다시 도둑질하지 말고 돌이켜 가난한 자에게 구제할 수 있도록 자기 손으로 수고하여 선한 일을 하라
29. 무릇 더러운 말은 너희 입 밖에도 내지 말고 오직 덕을 세우는 데 소용

체의 분량대로 역사하여 그 몸을 자라게 하며 사랑 안에서 스스로 세우
느니라
17. 그러므로 내가 이것을 말하며 주 안에서 증언하노니 이제부터 너희는
이방인이 그 마음의 허망한 것으로 행함 같이 행하지 말라
18. 그들의 총명이 어두워지고 그들 가운데 있는 무지함과 그들의 마음이
굳어짐으로 말미암아 하나님의 생명에서 떠나 있도다
19. 그들이 감각 없는 자가 되어 자신을 방탕에 방임하여 모든 더러운 것을
욕심으로 행하되
20. 오직 너희는 그리스도를 그같이 배우지 아니하였느니라
21. 진리가 예수 안에 있는 것 같이 너희가 참으로 그에게서 듣고 또한 그
안에서 가르침을 받았을진대
22. 너희는 유혹의 욕심을 따라 썩어져 가는 구습을 따르는 옛 사람을 벗어
버리고
23. 오직 너희의 심령이 새롭게 되어
24. 하나님을 따라 의와 진리의 거룩함으로 지으심을 받은 새 사람을 입으라
25. 그런즉 거짓을 버리고 각각 그 이웃과 더불어 참된 것을 말하라 이는 우
리가 서로 지체가 됨이라
26. 분을 내어도 죄를 짓지 말며 해가 지도록 분을 품지 말고
27. 마귀에게 틈을 주지 말라
28. 도둑질하는 자는 다시 도둑질하지 말고 돌이켜 가난한 자에게 구제할
수 있도록 자기 손으로 수고하여 선한 일을 하라
29. 무릇 더러운 말은 너희 입 밖에도 내지 말고 오직 덕을 세우는 데 소용

되는 대로 선한 말을 하여 듣는 자들에게 은혜를 끼치게 하라
30. 하나님의 성령을 근심하게 하지 말라 그 안에서 너희가 구원의 날까지 인치심을 받았느니라
31. 너희는 모든 악독과 노함과 분냄과 떠드는 것과 비방하는 것을 모든 악의와 함께 버리고
32. 서로 친절하게 하며 불쌍히 여기며 서로 용서하기를 하나님이 그리스도 안에서 너희를 용서하심과 같이 하라

에베소서 5장

1. 그러므로 사랑을 받는 자녀 같이 너희는 하나님을 본받는 자가 되고
2. 그리스도께서 너희를 사랑하신 것 같이 너희도 사랑 가운데서 행하라 그는 우리를 위하여 자신을 버리사 향기로운 제물과 희생제물로 하나님께 드리셨느니라
3. 음행과 온갖 더러운 것과 탐욕은 너희 중에서 그 이름조차도 부르지 말라 이는 성도에게 마땅한 바니라
4. 누추함과 어리석은 말이나 희롱의 말이 마땅치 아니하니 오히려 감사하는 말을 하라
5. 너희도 정녕 이것을 알거니와 음행하는 자나 더러운 자나 탐하는 자 곧 우상 숭배자는 다 그리스도와 하나님의 나라에서 기업을 얻지 못하리니
6. 누구든지 헛된 말로 너희를 속이지 못하게 하라 이로 말미암아 하나님의 진노가 불순종의 아들들에게 임하나니
7. 그러므로 그들과 함께 하는 자가 되지 말라

되는 대로 선한 말을 하여 듣는 자들에게 은혜를 끼치게 하라
30. 하나님의 성령을 근심하게 하지 말라 그 안에서 너희가 구원의 날까지 인치심을 받았느니라
31. 너희는 모든 악독과 노함과 분냄과 떠드는 것과 비방하는 것을 모든 악의와 함께 버리고
32. 서로 친절하게 하며 불쌍히 여기며 서로 용서하기를 하나님이 그리스도 안에서 너희를 용서하심과 같이 하라

에베소서 5장

1. 그러므로 사랑을 받는 자녀 같이 너희는 하나님을 본받는 자가 되고
2. 그리스도께서 너희를 사랑하신 것 같이 너희도 사랑 가운데서 행하라 그는 우리를 위하여 자신을 버리사 향기로운 제물과 희생제물로 하나님께 드리셨느니라
3. 음행과 온갖 더러운 것과 탐욕은 너희 중에서 그 이름조차도 부르지 말라 이는 성도에게 마땅한 바니라
4. 누추함과 어리석은 말이나 희롱의 말이 마땅치 아니하니 오히려 감사하는 말을 하라
5. 너희도 정녕 이것을 알거니와 음행하는 자나 더러운 자나 탐하는 자 곧 우상 숭배자는 다 그리스도와 하나님의 나라에서 기업을 얻지 못하리니
6. 누구든지 헛된 말로 너희를 속이지 못하게 하라 이로 말미암아 하나님의 진노가 불순종의 아들들에게 임하나니
7. 그러므로 그들과 함께 하는 자가 되지 말라

8. 너희가 전에는 어둠이더니 이제는 주 안에서 빛이라 빛의 자녀들처럼 행하라
9. 빛의 열매는 모든 착함과 의로움과 진실함에 있느니라
10. 주를 기쁘시게 할 것이 무엇인가 시험하여 보라
11. 너희는 열매 없는 어둠의 일에 참여하지 말고 도리어 책망하라
12. 그들이 은밀히 행하는 것들은 말하기도 부끄러운 것들이라
13. 그러나 책망을 받는 모든 것은 빛으로 말미암아 드러나나니 드러나는 것마다 빛이니라
14. 그러므로 이르시기를 잠자는 자여 깨어서 죽은 자들 가운데서 일어나라 그리스도께서 너에게 비추이시리라 하셨느니라
15. 그런즉 너희가 어떻게 행할지를 자세히 주의하여 지혜 없는 자 같이 하지 말고 오직 지혜 있는 자 같이 하여
16. 세월을 아끼라 때가 악하니라
17. 그러므로 어리석은 자가 되지 말고 오직 주의 뜻이 무엇인가 이해하라
18. 술 취하지 말라 이는 방탕한 것이니 오직 성령으로 충만함을 받으라
19. 시와 찬송과 신령한 노래들로 서로 화답하며 너희의 마음으로 주께 노래하며 찬송하며
20. 범사에 우리 주 예수 그리스도의 이름으로 항상 아버지 하나님께 감사하며
21. 그리스도를 경외함으로 피차 복종하라
22. 아내들이여 자기 남편에게 복종하기를 주께 하듯 하라
23. 이는 남편이 아내의 머리 됨이 그리스도께서 교회의 머리 됨과 같음이

8. 너희가 전에는 어둠이더니 이제는 주 안에서 빛이라 빛의 자녀들처럼
행하라
9. 빛의 열매는 모든 착함과 의로움과 진실함에 있느니라
10. 주를 기쁘시게 할 것이 무엇인가 시험하여 보라
11. 너희는 열매 없는 어둠의 일에 참여하지 말고 도리어 책망하라
12. 그들이 은밀히 행하는 것들은 말하기도 부끄러운 것들이라
13. 그러나 책망을 받는 모든 것은 빛으로 말미암아 드러나나니 드러나는
것마다 빛이니라
14. 그러므로 이르시기를 잠자는 자여 깨어서 죽은 자들 가운데서 일어나라
그리스도께서 너에게 비추이시리라 하셨느니라
15. 그런즉 너희가 어떻게 행할지를 자세히 주의하여 지혜 없는 자 같이 하
지 말고 오직 지혜 있는 자 같이 하여
16. 세월을 아끼라 때가 악하니라
17. 그러므로 어리석은 자가 되지 말고 오직 주의 뜻이 무엇인가 이해하라
18. 술 취하지 말라 이는 방탕한 것이니 오직 성령으로 충만함을 받으라
19. 시와 찬송과 신령한 노래들로 서로 화답하며 너희의 마음으로 주께 노
래하며 찬송하며
20. 범사에 우리 주 예수 그리스도의 이름으로 항상 아버지 하나님께 감사
하며
21. 그리스도를 경외함으로 피차 복종하라
22. 아내들이여 자기 남편에게 복종하기를 주께 하듯 하라
23. 이는 남편이 아내의 머리 됨이 그리스도께서 교회의 머리 됨과 같음이

니 그가 바로 몸의 구주시니라
24. 그러므로 교회가 그리스도에게 하듯 아내들도 범사에 자기 남편에게 복종할지니라
25. 남편들아 아내 사랑하기를 그리스도께서 교회를 사랑하시고 그 교회를 위하여 자신을 주심 같이 하라
26. 이는 곧 물로 씻어 말씀으로 깨끗하게 하사 거룩하게 하시고
27. 자기 앞에 영광스러운 교회로 세우사 티나 주름 잡힌 것이나 이런 것들이 없이 거룩하고 흠이 없게 하려 하심이라
28. 이와 같이 남편들도 자기 아내 사랑하기를 자기 자신과 같이 할지니 자기 아내를 사랑하는 자는 자기를 사랑하는 것이라
29. 누구든지 언제나 자기 육체를 미워하지 않고 오직 양육하여 보호하기를 그리스도께서 교회에게 함과 같이 하나니
30. 우리는 그 몸의 지체임이라
31. 그러므로 사람이 부모를 떠나 그의 아내와 합하여 그 둘이 한 육체가 될지니
32. 이 비밀이 크도다 나는 그리스도와 교회에 대하여 말하노라
33. 그러나 너희도 각각 자기의 아내 사랑하기를 자신 같이 하고 아내도 자기 남편을 존경하라

에베소서 6장
1. 자녀들아 주 안에서 너희 부모에게 순종하라 이것이 옳으니라
2. 네 아버지와 어머니를 공경하라 이것은 약속이 있는 첫 계명이니
3. 이로써 네가 잘되고 땅에서 장수하리라

니 그가 바로 몸의 구주시니라
24. 그러므로 교회가 그리스도에게 하듯 아내들도 범사에 자기 남편에게 복종할지니라
25. 남편들아 아내 사랑하기를 그리스도께서 교회를 사랑하시고 그 교회를 위하여 자신을 주심 같이 하라
26. 이는 곧 물로 씻어 말씀으로 깨끗하게 하사 거룩하게 하시고
27. 자기 앞에 영광스러운 교회로 세우사 티나 주름 잡힌 것이나 이런 것들이 없이 거룩하고 흠이 없게 하려 하심이라
28. 이와 같이 남편들도 자기 아내 사랑하기를 자기 자신과 같이 할지니 자기 아내를 사랑하는 자는 자기를 사랑하는 것이라
29. 누구든지 언제나 자기 육체를 미워하지 않고 오직 양육하여 보호하기를 그리스도께서 교회에게 함과 같이 하나니
30. 우리는 그 몸의 지체임이라
31. 그러므로 사람이 부모를 떠나 그의 아내와 합하여 그 둘이 한 육체가 될지니
32. 이 비밀이 크도다 나는 그리스도와 교회에 대하여 말하노라
33. 그러나 너희도 각각 자기의 아내 사랑하기를 자신 같이 하고 아내도 자기 남편을 존경하라

에베소서 6장
1. 자녀들아 주 안에서 너희 부모에게 순종하라 이것이 옳으니라
2. 네 아버지와 어머니를 공경하라 이것은 약속이 있는 첫 계명이니
3. 이로써 네가 잘되고 땅에서 장수하리라

4. 또 아비들아 너희 자녀를 노엽게 하지 말고 오직 주의 교훈과 훈계로 양육하라
5. 종들아 두려워하고 떨며 성실한 마음으로 육체의 상전에게 순종하기를 그리스도께 하듯 하라
6. 눈가림만 하여 사람을 기쁘게 하는 자처럼 하지 말고 그리스도의 종들처럼 마음으로 하나님의 뜻을 행하고
7. 기쁜 마음으로 섬기기를 주께 하듯 하고 사람들에게 하듯 하지 말라
8. 이는 각 사람이 무슨 선을 행하든지 종이나 자유인이나 주께로부터 그대로 받을 줄을 앎이라
9. 상전들아 너희도 그들에게 이와 같이 하고 위협을 그치라 이는 그들과 너희의 상전이 하늘에 계시고 그에게는 사람을 외모로 취하는 일이 없는 줄 너희가 앎이라
10. 끝으로 너희가 주 안에서와 그 힘의 능력으로 강건하여지고
11. 마귀의 간계를 능히 대적하기 위하여 하나님의 전신 갑주를 입으라
12. 우리의 씨름은 혈과 육을 상대하는 것이 아니요 통치자들과 권세들과 이 어둠의 세상 주관자들과 하늘에 있는 악의 영들을 상대함이라
13. 그러므로 하나님의 전신 갑주를 취하라 이는 악한 날에 너희가 능히 대적하고 모든 일을 행한 후에 서기 위함이라
14. 그런즉 서서 진리로 너희 허리 띠를 띠고 의의 호심경을 붙이고
15. 평안의 복음이 준비한 것으로 신을 신고
16. 모든 것 위에 믿음의 방패를 가지고 이로써 능히 악한 자의 모든 불화살을 소멸하고

4. 또 아비들아 너희 자녀를 노엽게 하지 말고 오직 주의 교훈과 훈계로 양
육하라
5. 종들아 두려워하고 떨며 성실한 마음으로 육체의 상전에게 순종하기를
그리스도께 하듯 하라
6. 눈가림만 하여 사람을 기쁘게 하는 자처럼 하지 말고 그리스도의 종들
처럼 마음으로 하나님의 뜻을 행하고
7. 기쁜 마음으로 섬기기를 주께 하듯 하고 사람들에게 하듯 하지 말라
8. 이는 각 사람이 무슨 선을 행하든지 종이나 자유인이나 주께로부터 그
대로 받을 줄을 앎이라
9. 상전들아 너희도 그들에게 이와 같이 하고 위협을 그치라 이는 그들과
너희의 상전이 하늘에 계시고 그에게는 사람을 외모로 취하는 일이 없
는 줄 너희가 앎이라
10. 끝으로 너희가 주 안에서와 그 힘의 능력으로 강건하여지고
11. 마귀의 간계를 능히 대적하기 위하여 하나님의 전신 갑주를 입으라
12. 우리의 씨름은 혈과 육을 상대하는 것이 아니요 통치자들과 권세들과
이 어둠의 세상 주관자들과 하늘에 있는 악의 영들을 상대함이라
13. 그러므로 하나님의 전신 갑주를 취하라 이는 악한 날에 너희가 능히 대
적하고 모든 일을 행한 후에 서기 위함이라
14. 그런즉 서서 진리로 너희 허리 띠를 띠고 의의 호심경을 붙이고
15. 평안의 복음이 준비한 것으로 신을 신고
16. 모든 것 위에 믿음의 방패를 가지고 이로써 능히 악한 자의 모든 불화살
을 소멸하고

17. 구원의 투구와 성령의 검 곧 하나님의 말씀을 가지라
18. 모든 기도와 간구를 하되 항상 성령 안에서 기도하고 이를 위하여 깨어 구하기를 항상 힘쓰며 여러 성도를 위하여 구하라
19. 또 나를 위하여 구할 것은 내게 말씀을 주사 나로 입을 열어 복음의 비밀을 담대히 알리게 하옵소서 할 것이니
20. 이 일을 위하여 내가 쇠사슬에 매인 사신이 된 것은 나로 이 일에 당연히 할 말을 담대히 하게 하려 하심이라
21. 나의 사정 곧 내가 무엇을 하는지 너희에게도 알리려 하노니 사랑을 받은 형제요 주 안에서 진실한 일꾼인 두기고가 모든 일을 너희에게 알리리라
22. 우리 사정을 알리고 또 너희 마음을 위로하기 위하여 내가 특별히 그를 너희에게 보내었노라
23. 아버지 하나님과 주 예수 그리스도께로부터 평안과 믿음을 겸한 사랑이 형제들에게 있을지어다
24. 우리 주 예수 그리스도를 변함 없이 사랑하는 모든 자에게 은혜가 있을지어다

17. 구원의 투구와 성령의 검 곧 하나님의 말씀을 가지라
18. 모든 기도와 간구를 하되 항상 성령 안에서 기도하고 이를 위하여 깨어 구하기를 항상 힘쓰며 여러 성도를 위하여 구하라
19. 또 나를 위하여 구할 것은 내게 말씀을 주사 나로 입을 열어 복음의 비밀을 담대히 알리게 하옵소서 할 것이니
20. 이 일을 위하여 내가 쇠사슬에 매인 사신이 된 것은 나로 이 일에 당연히 할 말을 담대히 하게 하려 하심이라
21. 나의 사정 곧 내가 무엇을 하는지 너희에게도 알리려 하노니 사랑을 받은 형제요 주 안에서 진실한 일꾼인 두기고가 모든 일을 너희에게 알리리라
22. 우리 사정을 알리고 또 너희 마음을 위로하기 위하여 내가 특별히 그를 너희에게 보내었노라
23. 아버지 하나님과 주 예수 그리스도께로부터 평안과 믿음을 겸한 사랑이 형제들에게 있을지어다
24. 우리 주 예수 그리스도를 변함 없이 사랑하는 모든 자에게 은혜가 있을지어다

빌립보서 1장
1. 그리스도 예수의 종 바울과 디모데는 그리스도 예수 안에서 빌립보에 사는 모든 성도와 또한 감독들과 집사들에게 편지하노니
2. 하나님 우리 아버지와 주 예수 그리스도로부터 은혜와 평강이 너희에게 있을지어다
3. 내가 너희를 생각할 때마다 나의 하나님께 감사하며
4. 간구할 때마다 너희 무리를 위하여 기쁨으로 항상 간구함은
5. 너희가 첫날부터 이제까지 복음을 위한 일에 참여하고 있기 때문이라
6. 너희 안에서 착한 일을 시작하신 이가 그리스도 예수의 날까지 이루실 줄을 우리는 확신하노라
7. 내가 너희 무리를 위하여 이와 같이 생각하는 것이 마땅하니 이는 너희가 내 마음에 있음이며 나의 매임과 복음을 변명함과 확정함에 너희가 다 나와 함께 은혜에 참여한 자가 됨이라
8. 내가 예수 그리스도의 심장으로 너희 무리를 얼마나 사모하는지 하나님이 내 증인이시니라
9. 내가 기도하노라 너희 사랑을 지식과 모든 총명으로 점점 더 풍성하게 하사
10. 너희로 지극히 선한 것을 분별하며 또 진실하여 허물 없이 그리스도의 날까지 이르고
11. 예수 그리스도로 말미암아 의의 열매가 가득하여 하나님의 영광과 찬송이 되기를 원하노라
12. 형제들아 내가 당한 일이 도리어 복음 전파에 진전이 된 줄을 너희가 알

빌립보서 1장

1. 그리스도 예수의 종 바울과 디모데는 그리스도 예수 안에서 빌립보에
사는 모든 성도와 또한 감독들과 집사들에게 편지하노니
2. 하나님 우리 아버지와 주 예수 그리스도로부터 은혜와 평강이 너희에게
있을지어다
3. 내가 너희를 생각할 때마다 나의 하나님께 감사하며
4. 간구할 때마다 너희 무리를 위하여 기쁨으로 항상 간구함은
5. 너희가 첫날부터 이제까지 복음을 위한 일에 참여하고 있기 때문이라
6. 너희 안에서 착한 일을 시작하신 이가 그리스도 예수의 날까지 이루실
줄을 우리는 확신하노라
7. 내가 너희 무리를 위하여 이와 같이 생각하는 것이 마땅하니 이는 너희
가 내 마음에 있음이며 나의 매임과 복음을 변명함과 확정함에 너희가
다 나와 함께 은혜에 참여한 자가 됨이라
8. 내가 예수 그리스도의 심장으로 너희 무리를 얼마나 사모하는지 하나님
이 내 증인이시니라
9. 내가 기도하노라 너희 사랑을 지식과 모든 총명으로 점점 더 풍성하게
하사
10. 너희로 지극히 선한 것을 분별하며 또 진실하여 허물 없이 그리스도의
날까지 이르고
11. 예수 그리스도로 말미암아 의의 열매가 가득하여 하나님의 영광과 찬송
이 되기를 원하노라
12. 형제들아 내가 당한 일이 도리어 복음 전파에 진전이 된 줄을 너희가 알

기를 원하노라
13. 이러므로 나의 매임이 그리스도 안에서 모든 시위대 안과 그 밖의 모든 사람에게 나타났으니
14. 형제 중 다수가 나의 매임으로 말미암아 주 안에서 신뢰함으로 겁 없이 하나님의 말씀을 더욱 담대히 전하게 되었느니라
15. 어떤 이들은 투기와 분쟁으로, 어떤 이들은 착한 뜻으로 그리스도를 전파하나니
16. 이들은 내가 복음을 변증하기 위하여 세우심을 받은 줄 알고 사랑으로 하나
17. 그들은 나의 매임에 괴로움을 더하게 할 줄로 생각하여 순수하지 못하게 다툼으로 그리스도를 전파하느니라
18. 그러면 무엇이냐 겉치레로 하나 참으로 하나 무슨 방도로 하든지 전파되는 것은 그리스도니 이로써 나는 기뻐하고 또한 기뻐하리라
19. 이것이 너희의 간구와 예수 그리스도의 성령의 도우심으로 나를 구원에 이르게 할 줄 아는 고로
20. 나의 간절한 기대와 소망을 따라 아무 일에든지 부끄러워하지 아니하고 지금도 전과 같이 온전히 담대하여 살든지 죽든지 내 몸에서 그리스도가 존귀하게 되게 하려 하나니
21. 이는 내게 사는 것이 그리스도니 죽는 것도 유익함이라
22. 그러나 만일 육신으로 사는 이것이 내 일의 열매일진대 무엇을 택해야 할는지 나는 알지 못하노라
23. 내가 그 둘 사이에 끼였으니 차라리 세상을 떠나서 그리스도와 함께 있는 것이 훨씬 더 좋은 일이라 그렇게 하고 싶으나
24. 내가 육신으로 있는 것이 너희를 위하여 더 유익하리라

기를 원하노라
13. 이러므로 나의 매임이 그리스도 안에서 모든 시위대 안과 그 밖의 모든 사람에
게 나타났으니
14. 형제 중 다수가 나의 매임으로 말미암아 주 안에서 신뢰함으로 겁 없이 하나님
의 말씀을 더욱 담대히 전하게 되었느니라
15. 어떤 이들은 투기와 분쟁으로, 어떤 이들은 착한 뜻으로 그리스도를 전파하나니
16. 이들은 내가 복음을 변증하기 위하여 세우심을 받은 줄 알고 사랑으로 하나
17. 그들은 나의 매임에 괴로움을 더하게 할 줄로 생각하여 순수하지 못하게 다툼
으로 그리스도를 전파하느니라
18. 그러면 무엇이냐 겉치레로 하나 참으로 하나 무슨 방도로 하든지 전파되는 것
은 그리스도니 이로써 나는 기뻐하고 또한 기뻐하리라
19. 이것이 너희의 간구와 예수 그리스도의 성령의 도우심으로 나를 구원에 이르게
할 줄 아는 고로
20. 나의 간절한 기대와 소망을 따라 아무 일에든지 부끄러워하지 아니하고 지금도
전과 같이 온전히 담대하여 살든지 죽든지 내 몸에서 그리스도가 존귀하게 되
게 하려 하나니
21. 이는 내게 사는 것이 그리스도니 죽는 것도 유익함이라
22. 그러나 만일 육신으로 사는 이것이 내 일의 열매일진대 무엇을 택해야 할는지
나는 알지 못하노라
23. 내가 그 둘 사이에 끼였으니 차라리 세상을 떠나서 그리스도와 함께 있는 것이
훨씬 더 좋은 일이라 그렇게 하고 싶으나
24. 내가 육신으로 있는 것이 너희를 위하여 더 유익하리라

25. 내가 살 것과 너희 믿음의 진보와 기쁨을 위하여 너희 무리와 함께 거할 이것을 확실히 아노니
26. 내가 다시 너희와 같이 있음으로 그리스도 예수 안에서 너희 자랑이 나로 말미암아 풍성하게 하려 함이라
27. 오직 너희는 그리스도의 복음에 합당하게 생활하라 이는 내가 너희에게 가 보나 떠나 있으나 너희가 한마음으로 서서 한 뜻으로 복음의 신앙을 위하여 협력하는 것과
28. 무슨 일에든지 대적하는 자들 때문에 두려워하지 아니하는 이 일을 듣고자 함이라 이것이 그들에게는 멸망의 증거요 너희에게는 구원의 증거니 이는 하나님께로부터 난 것이라
29. 그리스도를 위하여 너희에게 은혜를 주신 것은 다만 그를 믿을 뿐 아니라 또한 그를 위하여 고난도 받게 하려 하심이라
30. 너희에게도 그와 같은 싸움이 있으니 너희가 내 안에서 본 바요 이제도 내 안에서 듣는 바니라

빌립보서 2장

1. 그러므로 그리스도 안에 무슨 권면이나 사랑의 무슨 위로나 성령의 무슨 교제나 긍휼이나 자비가 있거든
2. 마음을 같이하여 같은 사랑을 가지고 뜻을 합하여 한마음을 품어
3. 아무 일에든지 다툼이나 허영으로 하지 말고 오직 겸손한 마음으로 각각 자기보다 남을 낫게 여기고
4. 각각 자기 일을 돌볼뿐더러 또한 각각 다른 사람들의 일을 돌보아 나의

25. 내가 살 것과 너희 믿음의 진보와 기쁨을 위하여 너희 무리와 함께 거할
이것을 확실히 아노니
26. 내가 다시 너희와 같이 있음으로 그리스도 예수 안에서 너희 자랑이 나
로 말미암아 풍성하게 하려 함이라
27. 오직 너희는 그리스도의 복음에 합당하게 생활하라 이는 내가 너희에게
가 보나 떠나 있으나 너희가 한마음으로 서서 한 뜻으로 복음의 신앙을
위하여 협력하는 것과
28. 무슨 일에든지 대적하는 자들 때문에 두려워하지 아니하는 이 일을 듣
고자 함이라 이것이 그들에게는 멸망의 증거요 너희에게는 구원의 증거
니 이는 하나님께로부터 난 것이라
29. 그리스도를 위하여 너희에게 은혜를 주신 것은 다만 그를 믿을 뿐 아니
라 또한 그를 위하여 고난도 받게 하려 하심이라
30. 너희에게도 그와 같은 싸움이 있으니 너희가 내 안에서 본 바요 이제도
내 안에서 듣는 바니라

빌립보서 2장

1. 그러므로 그리스도 안에 무슨 권면이나 사랑의 무슨 위로나 성령의 무
슨 교제나 긍휼이나 자비가 있거든
2. 마음을 같이하여 같은 사랑을 가지고 뜻을 합하여 한마음을 품어
3. 아무 일에든지 다툼이나 허영으로 하지 말고 오직 겸손한 마음으로 각
각 자기보다 남을 낫게 여기고
4. 각각 자기 일을 돌볼뿐더러 또한 각각 다른 사람들의 일을 돌보아 나의

기쁨을 충만하게 하라
5. 너희 안에 이 마음을 품으라 곧 그리스도 예수의 마음이니
6. 그는 근본 하나님의 본체시나 하나님과 동등됨을 취할 것으로 여기지 아니하시고
7. 오히려 자기를 비워 종의 형체를 가지사 사람들과 같이 되셨고
8. 사람의 모양으로 나타나사 자기를 낮추시고 죽기까지 복종하셨으니 곧 십자가에 죽으심이라
9. 이러므로 하나님이 그를 지극히 높여 모든 이름 위에 뛰어난 이름을 주사
10. 하늘에 있는 자들과 땅에 있는 자들과 땅 아래에 있는 자들로 모든 무릎을 예수의 이름에 꿇게 하시고
11. 모든 입으로 예수 그리스도를 주라 시인하여 하나님 아버지께 영광을 돌리게 하셨느니라
12. 그러므로 나의 사랑하는 자들아 너희가 나 있을 때뿐 아니라 더욱 지금 나 없을 때에도 항상 복종하여 두렵고 떨림으로 너희 구원을 이루라
13. 너희 안에서 행하시는 이는 하나님이시니 자기의 기쁘신 뜻을 위하여 너희에게 소원을 두고 행하게 하시나니
14. 모든 일을 원망과 시비가 없이 하라
15. 이는 너희가 흠이 없고 순전하여 어그러지고 거스르는 세대 가운데서 하나님의 흠 없는 자녀로 세상에서 그들 가운데 빛들로 나타내며
16. 생명의 말씀을 밝혀 나의 달음질이 헛되지 아니하고 수고도 헛되지 아니함으로 그리스도의 날에 내가 자랑할 것이 있게 하려 함이라
17. 만일 너희 믿음의 제물과 섬김 위에 내가 나를 전제로 드릴지라도 나는 기뻐하고 너희 무리와 함께 기뻐하리니

기쁨을 충만하게 하라
5. 너희 안에 이 마음을 품으라 곧 그리스도 예수의 마음이니
6. 그는 근본 하나님의 본체시나 하나님과 동등됨을 취할 것으로 여기지 아니하시고
7. 오히려 자기를 비워 종의 형체를 가지사 사람들과 같이 되셨고
8. 사람의 모양으로 나타나사 자기를 낮추시고 죽기까지 복종하셨으니 곧 십자가에 죽으심이라
9. 이러므로 하나님이 그를 지극히 높여 모든 이름 위에 뛰어난 이름을 주사
10. 하늘에 있는 자들과 땅에 있는 자들과 땅 아래에 있는 자들로 모든 무릎을 예수의 이름에 꿇게 하시고
11. 모든 입으로 예수 그리스도를 주라 시인하여 하나님 아버지께 영광을 돌리게 하셨느니라
12. 그러므로 나의 사랑하는 자들아 너희가 나 있을 때뿐 아니라 더욱 지금 나 없을 때에도 항상 복종하여 두렵고 떨림으로 너희 구원을 이루라
13. 너희 안에서 행하시는 이는 하나님이시니 자기의 기쁘신 뜻을 위하여 너희에게 소원을 두고 행하게 하시나니
14. 모든 일을 원망과 시비가 없이 하라
15. 이는 너희가 흠이 없고 순전하여 어그러지고 거스르는 세대 가운데서 하나님의 흠 없는 자녀로 세상에서 그들 가운데 빛들로 나타내며
16. 생명의 말씀을 밝혀 나의 달음질이 헛되지 아니하고 수고도 헛되지 아니함으로 그리스도의 날에 내가 자랑할 것이 있게 하려 함이라
17. 만일 너희 믿음의 제물과 섬김 위에 내가 나를 전제로 드릴지라도 나는 기뻐하고 너희 무리와 함께 기뻐하리니

18. 이와 같이 너희도 기뻐하고 나와 함께 기뻐하라
19. 내가 디모데를 속히 너희에게 보내기를 주 안에서 바람은 너희의 사정을 앎으로 안위를 받으려 함이니
20. 이는 뜻을 같이하여 너희 사정을 진실히 생각할 자가 이밖에 내게 없음이라
21. 그들이 다 자기 일을 구하고 그리스도 예수의 일을 구하지 아니하되
22. 디모데의 연단을 너희가 아나니 자식이 아버지에게 함같이 나와 함께 복음을 위하여 수고하였느니라
23. 그러므로 내가 내 일이 어떻게 될지를 보아서 곧 이 사람을 보내기를 바라고
24. 나도 속히 가게 될 것을 주 안에서 확신하노라
25. 그러나 에바브로디도를 너희에게 보내는 것이 필요한 줄로 생각하노니 그는 나의 형제요 함께 수고하고 함께 군사 된 자요 너희 사자로 내가 쓸 것을 돕는 자라
26. 그가 너희 무리를 간절히 사모하고 자기가 병든 것을 너희가 들은 줄을 알고 심히 근심한지라
27. 그가 병들어 죽게 되었으나 하나님이 그를 긍휼히 여기셨고 그뿐 아니라 또 나를 긍휼히 여기사 내 근심 위에 근심을 면하게 하셨느니라
28. 그러므로 내가 더욱 급히 그를 보낸 것은 너희로 그를 다시 보고 기뻐하게 하며 내 근심도 덜려 함이니라
29. 이러므로 너희가 주 안에서 모든 기쁨으로 그를 영접하고 또 이와 같은 자들을 존귀히 여기라

18. 이와 같이 너희도 기뻐하고 나와 함께 기뻐하라
19. 내가 디모데를 속히 너희에게 보내기를 주 안에서 바람은 너희의 사정을 앎으로 안위를 받으려 함이니
20. 이는 뜻을 같이하여 너희 사정을 진실히 생각할 자가 이밖에 내게 없음이라
21. 그들이 다 자기 일을 구하고 그리스도 예수의 일을 구하지 아니하되
22. 디모데의 연단을 너희가 아나니 자식이 아버지에게 함같이 나와 함께 복음을 위하여 수고하였느니라
23. 그러므로 내가 내 일이 어떻게 될지를 보아서 곧 이 사람을 보내기를 바라고
24. 나도 속히 가게 될 것을 주 안에서 확신하노라
25. 그러나 에바브로디도를 너희에게 보내는 것이 필요한 줄로 생각하노니 그는 나의 형제요 함께 수고하고 함께 군사 된 자요 너희 사자로 내가 쓸 것을 돕는 자라
26. 그가 너희 무리를 간절히 사모하고 자기가 병든 것을 너희가 들은 줄을 알고 심히 근심한지라
27. 그가 병들어 죽게 되었으나 하나님이 그를 긍휼히 여기셨고 그뿐 아니라 또 나를 긍휼히 여기사 내 근심 위에 근심을 면하게 하셨느니라
28. 그러므로 내가 더욱 급히 그를 보낸 것은 너희로 그를 다시 보고 기뻐하게 하며 내 근심도 덜려 함이니라
29. 이러므로 너희가 주 안에서 모든 기쁨으로 그를 영접하고 또 이와 같은 자들을 존귀히 여기라

30.그가 그리스도의 일을 위하여 죽기에 이르러도 자기 목숨을 돌보지 아니한 것은 나를 섬기는 너희의 일에 부족함을 채우려 함이니라

빌립보서 3장

1. 끝으로 나의 형제들아 주 안에서 기뻐하라 너희에게 같은 말을 쓰는 것이 내게는 수고로움이 없고 너희에게는 안전하니라
2. 개들을 삼가고 행악하는 자들을 삼가고 몸을 상해하는 일을 삼가라
3. 하나님의 성령으로 봉사하며 그리스도 예수로 자랑하고 육체를 신뢰하지 아니하는 우리가 곧 할례파라
4. 그러나 나도 육체를 신뢰할 만하며 만일 누구든지 다른 이가 육체를 신뢰할 것이 있는 줄로 생각하면 나는 더욱 그러하리니
5. 나는 팔일 만에 할례를 받고 이스라엘 족속이요 베냐민 지파요 히브리인 중의 히브리인이요 율법으로는 바리새인이요
6. 열심으로는 교회를 박해하고 율법의 의로는 흠이 없는 자라
7. 그러나 무엇이든지 내게 유익하던 것을 내가 그리스도를 위하여 다 해로 여길뿐더러
8. 또한 모든 것을 해로 여김은 내 주 그리스도 예수를 아는 지식이 가장 고상하기 때문이라 내가 그를 위하여 모든 것을 잃어버리고 배설물로 여김은 그리스도를 얻고
9. 그 안에서 발견되려 함이니 내가 가진 의는 율법에서 난 것이 아니요 오직 그리스도를 믿음으로 말미암은 것이니 곧 믿음으로 하나님께로부터 난 의라
10. 내가 그리스도와 그 부활의 권능과 그 고난에 참여함을 알고자 하여 그의 죽으

30. 그가 그리스도의 일을 위하여 죽기에 이르러도 자기 목숨을 돌보지 아니한 것은 나를 섬기는 너희의 일에 부족함을 채우려 함이니라

빌립보서 3장

1. 끝으로 나의 형제들아 주 안에서 기뻐하라 너희에게 같은 말을 쓰는 것이 내게는 수고로움이 없고 너희에게는 안전하니라
2. 개들을 삼가고 행악하는 자들을 삼가고 몸을 상해하는 일을 삼가라
3. 하나님의 성령으로 봉사하며 그리스도 예수로 자랑하고 육체를 신뢰하지 아니하는 우리가 곧 할례파라
4. 그러나 나도 육체를 신뢰할 만하며 만일 누구든지 다른 이가 육체를 신뢰할 것이 있는 줄로 생각하면 나는 더욱 그러하리니
5. 나는 팔일 만에 할례를 받고 이스라엘 족속이요 베냐민 지파요 히브리인 중의 히브리인이요 율법으로는 바리새인이요
6. 열심으로는 교회를 박해하고 율법의 의로는 흠이 없는 자라
7. 그러나 무엇이든지 내게 유익하던 것을 내가 그리스도를 위하여 다 해로 여길뿐더러
8. 또한 모든 것을 해로 여김은 내 주 그리스도 예수를 아는 지식이 가장 고상하기 때문이라 내가 그를 위하여 모든 것을 잃어버리고 배설물로 여김은 그리스도를 얻고
9. 그 안에서 발견되려 함이니 내가 가진 의는 율법에서 난 것이 아니요 오직 그리스도를 믿음으로 말미암은 것이니 곧 믿음으로 하나님께로부터 난 의라
10. 내가 그리스도와 그 부활의 권능과 그 고난에 참여함을 알고자 하여 그의 죽으

심을 본받아
11. 어떻게 해서든지 죽은 자 가운데서 부활에 이르려 하노니
12. 내가 이미 얻었다 함도 아니요 온전히 이루었다 함도 아니라 오직 내가
그리스도 예수께 잡힌 바 된 그것을 잡으려고 달려가노라
13. 형제들아 나는 아직 내가 잡은 줄로 여기지 아니하고 오직 한 일 즉 뒤
에 있는 것은 잊어버리고 앞에 있는 것을 잡으려고
14. 푯대를 향하여 그리스도 예수 안에서 하나님이 위에서 부르신 부름의
상을 위하여 달려가노라
15. 그러므로 누구든지 우리 온전히 이룬 자들은 이렇게 생각할지니 만일 어
떤 일에 너희가 달리 생각하면 하나님이 이것도 너희에게 나타내시리라
16. 오직 우리가 어디까지 이르렀든지 그대로 행할 것이라
17. 형제들아 너희는 함께 나를 본받으라 그리고 너희가 우리를 본받은 것
처럼 그와 같이 행하는 자들을 눈여겨 보라
18. 내가 여러 번 너희에게 말하였거니와 이제도 눈물을 흘리며 말하노니
여러 사람들이 그리스도의 십자가의 원수로 행하느니라
19. 그들의 마침은 멸망이요 그들의 신은 배요 그 영광은 그들의 부끄러움
에 있고 땅의 일을 생각하는 자라
20. 그러나 우리의 시민권은 하늘에 있는지라 거기로부터 구원하는 자 곧
주 예수 그리스도를 기다리노니
21. 그는 만물을 자기에게 복종하게 하실 수 있는 자의 역사로 우리의 낮은
몸을 자기 영광의 몸의 형체와 같이 변하게 하시리라

심을 본받아
11. 어떻게 해서든지 죽은 자 가운데서 부활에 이르려 하노니
12. 내가 이미 얻었다 함도 아니요 온전히 이루었다 함도 아니라 오직 내가
그리스도 예수께 잡힌 바 된 그것을 잡으려고 달려가노라
13. 형제들아 나는 아직 내가 잡은 줄로 여기지 아니하고 오직 한 일 즉 뒤
에 있는 것은 잊어버리고 앞에 있는 것을 잡으려고
14. 푯대를 향하여 그리스도 예수 안에서 하나님이 위에서 부르신 부름의
상을 위하여 달려가노라
15. 그러므로 누구든지 우리 온전히 이룬 자들은 이렇게 생각할지니 만일 어
떤 일에 너희가 달리 생각하면 하나님이 이것도 너희에게 나타내시리라
16. 오직 우리가 어디까지 이르렀든지 그대로 행할 것이라
17. 형제들아 너희는 함께 나를 본받으라 그리고 너희가 우리를 본받은 것
처럼 그와 같이 행하는 자들을 눈여겨 보라
18. 내가 여러 번 너희에게 말하였거니와 이제도 눈물을 흘리며 말하노니
여러 사람들이 그리스도의 십자가의 원수로 행하느니라
19. 그들의 마침은 멸망이요 그들의 신은 배요 그 영광은 그들의 부끄러움
에 있고 땅의 일을 생각하는 자라
20. 그러나 우리의 시민권은 하늘에 있는지라 거기로부터 구원하는 자 곧
주 예수 그리스도를 기다리노니
21. 그는 만물을 자기에게 복종하게 하실 수 있는 자의 역사로 우리의 낮은
몸을 자기 영광의 몸의 형체와 같이 변하게 하시리라

빌립보서 4장

1. 그러므로 나의 사랑하고 사모하는 형제들, 나의 기쁨이요 면류관인 사랑하는 자들아 이와 같이 주 안에 서라
2. 내가 유오디아를 권하고 순두게를 권하노니 주 안에서 같은 마음을 품으라
3. 또 참으로 나와 멍에를 같이한 네게 구하노니 복음에 나와 함께 힘쓰던 저 여인들을 돕고 또한 글레멘드와 그 외에 나의 동역자들을 도우라 그 이름들이 생명책에 있느니라
4. 주 안에서 항상 기뻐하라 내가 다시 말하노니 기뻐하라
5. 너희 관용을 모든 사람에게 알게 하라 주께서 가까우시니라
6. 아무 것도 염려하지 말고 다만 모든 일에 기도와 간구로, 너희 구할 것을 감사함으로 하나님께 아뢰라
7. 그리하면 모든 지각에 뛰어난 하나님의 평강이 그리스도 예수 안에서 너희 마음과 생각을 지키시리라
8. 끝으로 형제들아 무엇에든지 참되며 무엇에든지 경건하며 무엇에든지 옳으며 무엇에든지 정결하며 무엇에든지 사랑 받을 만하며 무엇에든지 칭찬 받을 만하며 무슨 덕이 있든지 무슨 기림이 있든지 이것들을 생각하라
9. 너희는 내게 배우고 받고 듣고 본 바를 행하라 그리하면 평강의 하나님이 너희와 함께 계시리라
10. 내가 주 안에서 크게 기뻐함은 너희가 나를 생각하던 것이 이제 다시 싹이 남이니 너희가 또한 이를 위하여 생각은 하였으나 기회가 없었느니라
11. 내가 궁핍하므로 말하는 것이 아니니라 어떠한 형편에든지 나는 자족하기를 배웠노니

빌립보서 4장

1. 그러므로 나의 사랑하고 사모하는 형제들, 나의 기쁨이요 면류관인 사랑하는 자들아 이와 같이 주 안에 서라
2. 내가 유오디아를 권하고 순두게를 권하노니 주 안에서 같은 마음을 품으라
3. 또 참으로 나와 멍에를 같이한 네게 구하노니 복음에 나와 함께 힘쓰던 저 여인들을 돕고 또한 글레멘드와 그 외에 나의 동역자들을 도우라 그 이름들이 생명책에 있느니라
4. 주 안에서 항상 기뻐하라 내가 다시 말하노니 기뻐하라
5. 너희 관용을 모든 사람에게 알게 하라 주께서 가까우시니라
6. 아무 것도 염려하지 말고 다만 모든 일에 기도와 간구로, 너희 구할 것을 감사함으로 하나님께 아뢰라
7. 그리하면 모든 지각에 뛰어난 하나님의 평강이 그리스도 예수 안에서 너희 마음과 생각을 지키시리라
8. 끝으로 형제들아 무엇에든지 참되며 무엇에든지 경건하며 무엇에든지 옳으며 무엇에든지 정결하며 무엇에든지 사랑 받을 만하며 무엇에든지 칭찬 받을 만하며 무슨 덕이 있든지 무슨 기림이 있든지 이것들을 생각하라
9. 너희는 내게 배우고 받고 듣고 본 바를 행하라 그리하면 평강의 하나님이 너희와 함께 계시리라
10. 내가 주 안에서 크게 기뻐함은 너희가 나를 생각하던 것이 이제 다시 싹이 남이니 너희가 또한 이를 위하여 생각은 하였으나 기회가 없었느니라
11. 내가 궁핍하므로 말하는 것이 아니니라 어떠한 형편에든지 나는 자족하기를 배웠노니

12. 나는 비천에 처할 줄도 알고 풍부에 처할 줄도 알아 모든 일 곧 배부름과 배고픔과 풍부와 궁핍에도 처할 줄 아는 일체의 비결을 배웠노라
13. 내게 능력 주시는 자 안에서 내가 모든 것을 할 수 있느니라
14. 그러나 너희가 내 괴로움에 함께 참여하였으니 잘하였도다
15. 빌립보 사람들아 너희도 알거니와 복음의 시초에 내가 마게도냐를 떠날 때에 주고 받는 내 일에 참여한 교회가 너희 외에 아무도 없었느니라
16. 데살로니가에 있을 때에도 너희가 한 번뿐 아니라 두 번이나 나의 쓸 것을 보내었도다
17. 내가 선물을 구함이 아니요 오직 너희에게 유익하도록 풍성한 열매를 구함이라
18. 내게는 모든 것이 있고 또 풍부한지라 에바브로디도 편에 너희가 준 것을 받으므로 내가 풍족하니 이는 받으실 만한 향기로운 제물이요 하나님을 기쁘시게 한 것이라
19. 나의 하나님이 그리스도 예수 안에서 영광 가운데 그 풍성한 대로 너희 모든 쓸 것을 채우시리라
20. 하나님 곧 우리 아버지께 세세 무궁하도록 영광을 돌릴지어다 아멘
21. 그리스도 예수 안에 있는 성도에게 각각 문안하라 나와 함께 있는 형제들이 너희에게 문안하고
22. 모든 성도들이 너희에게 문안하되 특히 가이사의 집 사람들 중 몇이니라
23. 주 예수 그리스도의 은혜가 너희 심령에 있을지어다

12. 나는 비천에 처할 줄도 알고 풍부에 처할 줄도 알아 모든 일 곧 배부름과 배고픔과 풍부와 궁핍에도 처할 줄 아는 일체의 비결을 배웠노라
13. 내게 능력 주시는 자 안에서 내가 모든 것을 할 수 있느니라
14. 그러나 너희가 내 괴로움에 함께 참여하였으니 잘하였도다
15. 빌립보 사람들아 너희도 알거니와 복음의 시초에 내가 마게도냐를 떠날 때에 주고 받는 내 일에 참여한 교회가 너희 외에 아무도 없었느니라
16. 데살로니가에 있을 때에도 너희가 한 번뿐 아니라 두 번이나 나의 쓸 것을 보내었도다
17. 내가 선물을 구함이 아니요 오직 너희에게 유익하도록 풍성한 열매를 구함이라
18. 내게는 모든 것이 있고 또 풍부한지라 에바브로디도 편에 너희가 준 것을 받으므로 내가 풍족하니 이는 받으실 만한 향기로운 제물이요 하나님을 기쁘시게 한 것이라
19. 나의 하나님이 그리스도 예수 안에서 영광 가운데 그 풍성한 대로 너희 모든 쓸 것을 채우시리라
20. 하나님 곧 우리 아버지께 세세 무궁하도록 영광을 돌릴지어다 아멘
21. 그리스도 예수 안에 있는 성도에게 각각 문안하라 나와 함께 있는 형제들이 너희에게 문안하고
22. 모든 성도들이 너희에게 문안하되 특히 가이사의 집 사람들 중 몇이니라
23. 주 예수 그리스도의 은혜가 너희 심령에 있을지어다

골로새서 1장

1. 하나님의 뜻으로 말미암아 그리스도 예수의 사도 된 바울과 형제 디모데는
2. 골로새에 있는 성도들 곧 그리스도 안에서 신실한 형제들에게 편지하노니 우리 아버지 하나님으로부터 은혜와 평강이 너희에게 있을지어다
3. 우리가 너희를 위하여 기도할 때마다 하나님 곧 우리 주 예수 그리스도의 아버지께 감사하노라
4. 이는 그리스도 예수 안에 너희의 믿음과 모든 성도에 대한 사랑을 들었음이요
5. 너희를 위하여 하늘에 쌓아 둔 소망으로 말미암음이니 곧 너희가 전에 복음 진리의 말씀을 들은 것이라
6. 이 복음이 이미 너희에게 이르매 너희가 듣고 참으로 하나님의 은혜를 깨달은 날부터 너희 중에서와 같이 또한 온 천하에서도 열매를 맺어 자라는도다
7. 이와 같이 우리와 함께 종 된 사랑하는 에바브라에게 너희가 배웠나니 그는 너희를 위한 그리스도의 신실한 일꾼이요
8. 성령 안에서 너희 사랑을 우리에게 알린 자니라
9. 이로써 우리도 듣던 날부터 너희를 위하여 기도하기를 그치지 아니하고 구하노니 너희로 하여금 모든 신령한 지혜와 총명에 하나님의 뜻을 아는 것으로 채우게 하시고
10. 주께 합당하게 행하여 범사에 기쁘시게 하고 모든 선한 일에 열매를 맺게 하시며 하나님을 아는 것에 자라게 하시고
11. 그의 영광의 힘을 따라 모든 능력으로 능하게 하시며 기쁨으로 모든 견딤과 오래 참음에 이르게 하시고
12. 우리로 하여금 빛 가운데서 성도의 기업의 부분을 얻기에 합당하게 하신 아버

골로새서 1장

1. 하나님의 뜻으로 말미암아 그리스도 예수의 사도 된 바울과 형제 디모데는
2. 골로새에 있는 성도들 곧 그리스도 안에서 신실한 형제들에게 편지하노니 우리 아버지 하나님으로부터 은혜와 평강이 너희에게 있을지어다
3. 우리가 너희를 위하여 기도할 때마다 하나님 곧 우리 주 예수 그리스도의 아버지께 감사하노라
4. 이는 그리스도 예수 안에 너희의 믿음과 모든 성도에 대한 사랑을 들었음이요
5. 너희를 위하여 하늘에 쌓아 둔 소망으로 말미암음이니 곧 너희가 전에 복음 진리의 말씀을 들은 것이라
6. 이 복음이 이미 너희에게 이르매 너희가 듣고 참으로 하나님의 은혜를 깨달은 날부터 너희 중에서와 같이 또한 온 천하에서도 열매를 맺어 자라는도다
7. 이와 같이 우리와 함께 종 된 사랑하는 에바브라에게 너희가 배웠나니 그는 너희를 위한 그리스도의 신실한 일꾼이요
8. 성령 안에서 너희 사랑을 우리에게 알린 자니라
9. 이로써 우리도 듣던 날부터 너희를 위하여 기도하기를 그치지 아니하고 구하노니 너희로 하여금 모든 신령한 지혜와 총명에 하나님의 뜻을 아는 것으로 채우게 하시고
10. 주께 합당하게 행하여 범사에 기쁘시게 하고 모든 선한 일에 열매를 맺게 하시며 하나님을 아는 것에 자라게 하시고
11. 그의 영광의 힘을 따라 모든 능력으로 능하게 하시며 기쁨으로 모든 견딤과 오래 참음에 이르게 하시고
12. 우리로 하여금 빛 가운데서 성도의 기업의 부분을 얻기에 합당하게 하신 아버

지께 감사하게 하시기를 원하노라
13. 그가 우리를 흑암의 권세에서 건져내사 그의 사랑의 아들의 나라로 옮기셨으니
14. 그 아들 안에서 우리가 속량 곧 죄 사함을 얻었도다
15. 그는 보이지 아니하는 하나님의 형상이시요 모든 피조물보다 먼저 나신 이시니
16. 만물이 그에게서 창조되되 하늘과 땅에서 보이는 것들과 보이지 않는 것들과 혹은 왕권들이나 주권들이나 통치자들이나 권세들이나 만물이 다 그로 말미암고 그를 위하여 창조되었고
17. 또한 그가 만물보다 먼저 계시고 만물이 그 안에 함께 섰느니라
18. 그는 몸인 교회의 머리시라 그가 근본이시요 죽은 자들 가운데서 먼저 나신 이시니 이는 친히 만물의 으뜸이 되려 하심이요
19. 아버지께서는 모든 충만으로 예수 안에 거하게 하시고
20. 그의 십자가의 피로 화평을 이루사 만물 곧 땅에 있는 것들이나 하늘에 있는 것들이 그로 말미암아 자기와 화목하게 되기를 기뻐하심이라
21. 전에 악한 행실로 멀리 떠나 마음으로 원수가 되었던 너희를
22. 이제는 그의 육체의 죽음으로 말미암아 화목하게 하사 너희를 거룩하고 흠 없고 책망할 것이 없는 자로 그 앞에 세우고자 하셨으니
23. 만일 너희가 믿음에 거하고 터 위에 굳게 서서 너희 들은 바 복음의 소망에서 흔들리지 아니하면 그리하리라 이 복음은 천하 만민에게 전파된 바요 나 바울은 이 복음의 일꾼이 되었노라
24. 나는 이제 너희를 위하여 받는 괴로움을 기뻐하고 그리스도의 남은 고

지께 감사하게 하시기를 원하노라
13. 그가 우리를 흑암의 권세에서 건져내사 그의 사랑의 아들의 나라로 옮기셨으니
14. 그 아들 안에서 우리가 속량 곧 죄 사함을 얻었도다
15. 그는 보이지 아니하는 하나님의 형상이시요 모든 피조물보다 먼저 나신 이시니
16. 만물이 그에게서 창조되되 하늘과 땅에서 보이는 것들과 보이지 않는 것들과 혹은 왕권들이나 주권들이나 통치자들이나 권세들이나 만물이 다 그로 말미암고 그를 위하여 창조되었고
17. 또한 그가 만물보다 먼저 계시고 만물이 그 안에 함께 섰느니라
18. 그는 몸인 교회의 머리시라 그가 근본이시요 죽은 자들 가운데서 먼저 나신 이시니 이는 친히 만물의 으뜸이 되려 하심이요
19. 아버지께서는 모든 충만으로 예수 안에 거하게 하시고
20. 그의 십자가의 피로 화평을 이루사 만물 곧 땅에 있는 것들이나 하늘에 있는 것들이 그로 말미암아 자기와 화목하게 되기를 기뻐하심이라
21. 전에 악한 행실로 멀리 떠나 마음으로 원수가 되었던 너희를
22. 이제는 그의 육체의 죽음으로 말미암아 화목하게 하사 너희를 거룩하고 흠 없고 책망할 것이 없는 자로 그 앞에 세우고자 하셨으니
23. 만일 너희가 믿음에 거하고 터 위에 굳게 서서 너희 들은 바 복음의 소망에서 흔들리지 아니하면 그리하리라 이 복음은 천하 만민에게 전파된 바요 나 바울은 이 복음의 일꾼이 되었노라
24. 나는 이제 너희를 위하여 받는 괴로움을 기뻐하고 그리스도의 남은 고

난을 그의 몸된 교회를 위하여 내 육체에 채우노라
25. 내가 교회의 일꾼 된 것은 하나님이 너희를 위하여 내게 주신 직분을 따라 하나
님의 말씀을 이루려 함이니라
26. 이 비밀은 만세와 만대로부터 감추어졌던 것인데 이제는 그의 성도들에게 나타
났고
27. 하나님이 그들로 하여금 이 비밀의 영광이 이방인 가운데 얼마나 풍성한지를
알게 하려 하심이라 이 비밀은 너희 안에 계신 그리스도시니 곧 영광의 소망이
니라
28. 우리가 그를 전파하여 각 사람을 권하고 모든 지혜로 각 사람을 가르침은 각 사
람을 그리스도 안에서 완전한 자로 세우려 함이니
29. 이를 위하여 나도 내 속에서 능력으로 역사하시는 이의 역사를 따라 힘을 다하
여 수고하노라

골로새서 2장

1. 내가 너희와 라오디게아에 있는 자들과 무릇 내 육신의 얼굴을 보지 못한 자들
을 위하여 얼마나 힘쓰는지를 너희가 알기를 원하노니
2. 이는 그들로 마음에 위안을 받고 사랑 안에서 연합하여 확실한 이해의 모든 풍
성함과 하나님의 비밀인 그리스도를 깨닫게 하려 함이니
3. 그 안에는 지혜와 지식의 모든 보화가 감추어져 있느니라
4. 내가 이것을 말함은 아무도 교묘한 말로 너희를 속이지 못하게 하려 함이니
5. 이는 내가 육신으로는 떠나 있으나 심령으로는 너희와 함께 있어 너희가 질서
있게 행함과 그리스도를 믿는 너희 믿음이 굳건한 것을 기뻐게 봄이라

난을 그의 몸된 교회를 위하여 내 육체에 채우노라
25. 내가 교회의 일꾼 된 것은 하나님이 너희를 위하여 내게 주신 직분을 따라 하나
님의 말씀을 이루려 함이니라
26. 이 비밀은 만세와 만대로부터 감추어졌던 것인데 이제는 그의 성도들에게 나타
났고
27. 하나님이 그들로 하여금 이 비밀의 영광이 이방인 가운데 얼마나 풍성한지를
알게 하려 하심이라 이 비밀은 너희 안에 계신 그리스도시니 곧 영광의 소망이
니라
28. 우리가 그를 전파하여 각 사람을 권하고 모든 지혜로 각 사람을 가르침은 각 사
람을 그리스도 안에서 완전한 자로 세우려 함이니
29. 이를 위하여 나도 내 속에서 능력으로 역사하시는 이의 역사를 따라 힘을 다하
여 수고하노라

골로새서 2장

1. 내가 너희와 라오디게아에 있는 자들과 무릇 내 육신의 얼굴을 보지 못한 자들
을 위하여 얼마나 힘쓰는지를 너희가 알기를 원하노니
2. 이는 그들로 마음에 위안을 받고 사랑 안에서 연합하여 확실한 이해의 모든 풍
성함과 하나님의 비밀인 그리스도를 깨닫게 하려 함이니
3. 그 안에는 지혜와 지식의 모든 보화가 감추어져 있느니라
4. 내가 이것을 말함은 아무도 교묘한 말로 너희를 속이지 못하게 하려 함이니
5. 이는 내가 육신으로는 떠나 있으나 심령으로는 너희와 함께 있어 너희가 질서
있게 행함과 그리스도를 믿는 너희 믿음이 굳건한 것을 기뻐게 봄이라

6. 그러므로 너희가 그리스도 예수를 주로 받았으니 그 안에서 행하되
7. 그 안에 뿌리를 박으며 세움을 받아 교훈을 받은 대로 믿음에 굳게 서서 감사함을 넘치게 하라
8. 누가 철학과 헛된 속임수로 너희를 사로잡을까 주의하라 이것은 사람의 전통과 세상의 초등학문을 따름이요 그리스도를 따름이 아니니라
9. 그 안에는 신성의 모든 충만이 육체로 거하시고
10. 너희도 그 안에서 충만하여졌으니 그는 모든 통치자와 권세의 머리시라
11. 또 그 안에서 너희가 손으로 하지 아니한 할례를 받았으니 곧 육의 몸을 벗는 것이요 그리스도의 할례니라
12. 너희가 세례로 그리스도와 함께 장사되고 또 죽은 자들 가운데서 그를 일으키신 하나님의 역사를 믿음으로 말미암아 그 안에서 함께 일으키심을 받았느니라
13. 또 범죄와 육체의 무할례로 죽었던 너희를 하나님이 그와 함께 살리시고 우리의 모든 죄를 사하시고
14. 우리를 거스르고 불리하게 하는 법조문으로 쓴 증서를 지우시고 제하여 버리사 십자가에 못 박으시고
15. 통치자들과 권세들을 무력화하여 드러내어 구경거리로 삼으시고 십자가로 그들을 이기셨느니라
16. 그러므로 먹고 마시는 것과 절기나 초하루나 안식일을 이유로 누구든지 너희를 비판하지 못하게 하라
17. 이것들은 장래 일의 그림자이나 몸은 그리스도의 것이니라
18. 아무도 꾸며낸 겸손과 천사 숭배를 이유로 너희를 정죄하지 못하게 하

6. 그러므로 너희가 그리스도 예수를 주로 받았으니 그 안에서 행하되
7. 그 안에 뿌리를 박으며 세움을 받아 교훈을 받은 대로 믿음에 굳게 서서
감사함을 넘치게 하라
8. 누가 철학과 헛된 속임수로 너희를 사로잡을까 주의하라 이것은 사람의
전통과 세상의 초등학문을 따름이요 그리스도를 따름이 아니니라
9. 그 안에는 신성의 모든 충만이 육체로 거하시고
10. 너희도 그 안에서 충만하여졌으니 그는 모든 통치자와 권세의 머리시라
11. 또 그 안에서 너희가 손으로 하지 아니한 할례를 받았으니 곧 육의 몸을
벗는 것이요 그리스도의 할례니라
12. 너희가 세례로 그리스도와 함께 장사되고 또 죽은 자들 가운데서 그를
일으키신 하나님의 역사를 믿음으로 말미암아 그 안에서 함께 일으키심
을 받았느니라
13. 또 범죄와 육체의 무할례로 죽었던 너희를 하나님이 그와 함께 살리시
고 우리의 모든 죄를 사하시고
14. 우리를 거스르고 불리하게 하는 법조문으로 쓴 증서를 지우시고 제하여
버리사 십자가에 못 박으시고
15. 통치자들과 권세들을 무력화하여 드러내어 구경거리로 삼으시고 십자
가로 그들을 이기셨느니라
16. 그러므로 먹고 마시는 것과 절기나 초하루나 안식일을 이유로 누구든지
너희를 비판하지 못하게 하라
17. 이것들은 장래 일의 그림자이나 몸은 그리스도의 것이니라
18. 아무도 꾸며낸 겸손과 천사 숭배를 이유로 너희를 정죄하지 못하게 하

라 그가 그 본 것에 의지하여 그 육신의 생각을 따라 헛되이 과장하고
19. 머리를 붙들지 아니하는지라 온 몸이 머리로 말미암아 마디와 힘줄로 공급함을 받고 연합하여 하나님이 자라게 하시므로 자라느니라
20. 너희가 세상의 초등학문에서 그리스도와 함께 죽었거든 어찌하여 세상에 사는 것과 같이 규례에 순종하느냐
21. (곧 붙잡지도 말고 맛보지도 말고 만지지도 말라 하는 것이니
22. 이 모든 것은 한때 쓰이고는 없어지리라) 사람의 명령과 가르침을 따르느냐
23. 이런 것들은 자의적 숭배와 겸손과 몸을 괴롭게 하는 데는 지혜 있는 모양이나 오직 육체 따르는 것을 금하는 데는 조금도 유익이 없느니라

골로새서 3장

1. 그러므로 너희가 그리스도와 함께 다시 살리심을 받았으면 위의 것을 찾으라 거기는 그리스도께서 하나님 우편에 앉아 계시느니라
2. 위의 것을 생각하고 땅의 것을 생각하지 말라
3. 이는 너희가 죽었고 너희 생명이 그리스도와 함께 하나님 안에 감추어졌음이라
4. 우리 생명이신 그리스도께서 나타나실 그 때에 너희도 그와 함께 영광 중에 나타나리라
5. 그러므로 땅에 있는 지체를 죽이라 곧 음란과 부정과 사욕과 악한 정욕과 탐심이니 탐심은 우상 숭배니라
6. 이것들로 말미암아 하나님의 진노가 임하느니라
7. 너희도 전에 그 가운데 살 때에는 그 가운데서 행하였으나
8. 이제는 너희가 이 모든 것을 벗어 버리라 곧 분함과 노여움과 악의와 비방과 너

라 그가 그 본 것에 의지하여 그 육신의 생각을 따라 헛되이 과장하고

19. 머리를 붙들지 아니하는지라 온 몸이 머리로 말미암아 마디와 힘줄로 공급함을

받고 연합하여 하나님이 자라게 하시므로 자라느니라

20. 너희가 세상의 초등학문에서 그리스도와 함께 죽었거든 어찌하여 세상에 사는

것과 같이 규례에 순종하느냐

21. (곧 붙잡지도 말고 맛보지도 말고 만지지도 말라 하는 것이니

22. 이 모든 것은 한때 쓰이고는 없어지리라) 사람의 명령과 가르침을 따르느냐

23. 이런 것들은 자의적 숭배와 겸손과 몸을 괴롭게 하는 데는 지혜 있는 모양이나

오직 육체 따르는 것을 금하는 데는 조금도 유익이 없느니라

골로새서 3장

1. 그러므로 너희가 그리스도와 함께 다시 살리심을 받았으면 위의 것을 찾으라

거기는 그리스도께서 하나님 우편에 앉아 계시느니라

2. 위의 것을 생각하고 땅의 것을 생각하지 말라

3. 이는 너희가 죽었고 너희 생명이 그리스도와 함께 하나님 안에 감추어졌음이라

4. 우리 생명이신 그리스도께서 나타나실 그 때에 너희도 그와 함께 영광 중에 나

타나리라

5. 그러므로 땅에 있는 지체를 죽이라 곧 음란과 부정과 사욕과 악한 정욕과 탐심

이니 탐심은 우상 숭배니라

6. 이것들로 말미암아 하나님의 진노가 임하느니라

7. 너희도 전에 그 가운데 살 때에는 그 가운데서 행하였으나

8. 이제는 너희가 이 모든 것을 벗어 버리라 곧 분함과 노여움과 악의와 비방과 너

희 입의 부끄러운 말이라
9. 너희가 서로 거짓말을 하지 말라 옛 사람과 그 행위를 벗어 버리고
10. 새 사람을 입었으니 이는 자기를 창조하신 이의 형상을 따라 지식에까
지 새롭게 하심을 입은 자니라
11. 거기에는 헬라인이나 유대인이나 할례파나 무할례파나 야만인이나 스
구디아인이나 종이나 자유인이 차별이 있을 수 없나니 오직 그리스도
는 만유시요 만유 안에 계시니라
12. 그러므로 너희는 하나님이 택하사 거룩하고 사랑 받는 자처럼 긍휼과
자비와 겸손과 온유와 오래 참음을 옷 입고
13. 누가 누구에게 불만이 있거든 서로 용납하여 피차 용서하되 주께서 너
희를 용서하신 것 같이 너희도 그리하고
14. 이 모든 것 위에 사랑을 더하라 이는 온전하게 매는 띠니라
15. 그리스도의 평강이 너희 마음을 주장하게 하라 너희는 평강을 위하여
한 몸으로 부르심을 받았나니 너희는 또한 감사하는 자가 되라
16. 그리스도의 말씀이 너희 속에 풍성히 거하여 모든 지혜로 피차 가르치
며 권면하고 시와 찬송과 신령한 노래를 부르며 감사하는 마음으로 하
나님을 찬양하고
17. 또 무엇을 하든지 말에나 일에나 다 주 예수의 이름으로 하고 그를 힘입
어 하나님 아버지께 감사하라
18. 아내들아 남편에게 복종하라 이는 주 안에서 마땅하니라
19. 남편들아 아내를 사랑하며 괴롭게 하지 말라
20. 자녀들아 모든 일에 부모에게 순종하라 이는 주 안에서 기쁘게 하는 것

희 입의 부끄러운 말이라
9. 너희가 서로 거짓말을 하지 말라 옛 사람과 그 행위를 벗어 버리고
10. 새 사람을 입었으니 이는 자기를 창조하신 이의 형상을 따라 지식에까
지 새롭게 하심을 입은 자니라
11. 거기에는 헬라인이나 유대인이나 할례파나 무할례파나 야만인이나 스
구디아인이나 종이나 자유인이 차별이 있을 수 없나니 오직 그리스도는
만유시요 만유 안에 계시니라
12. 그러므로 너희는 하나님이 택하사 거룩하고 사랑 받는 자처럼 긍휼과
자비와 겸손과 온유와 오래 참음을 옷 입고
13. 누가 누구에게 불만이 있거든 서로 용납하여 피차 용서하되 주께서 너
희를 용서하신 것 같이 너희도 그리하고
14. 이 모든 것 위에 사랑을 더하라 이는 온전하게 매는 띠니라
15. 그리스도의 평강이 너희 마음을 주장하게 하라 너희는 평강을 위하여
한 몸으로 부르심을 받았나니 너희는 또한 감사하는 자가 되라
16. 그리스도의 말씀이 너희 속에 풍성히 거하여 모든 지혜로 피차 가르치
며 권면하고 시와 찬송과 신령한 노래를 부르며 감사하는 마음으로 하
나님을 찬양하고
17. 또 무엇을 하든지 말에나 일에나 다 주 예수의 이름으로 하고 그를 힘입
어 하나님 아버지께 감사하라
18. 아내들아 남편에게 복종하라 이는 주 안에서 마땅하니라
19. 남편들아 아내를 사랑하며 괴롭게 하지 말라
20. 자녀들아 모든 일에 부모에게 순종하라 이는 주 안에서 기쁘게 하는 것

이니라
21. 아비들아 너희 자녀를 노엽게 하지 말지니 낙심할까 함이라
22. 종들아 모든 일에 육신의 상전들에게 순종하되 사람을 기쁘게 하는 자와 같이 눈가림만 하지 말고 오직 주를 두려워하여 성실한 마음으로 하라
23. 무슨 일을 하든지 마음을 다하여 주께 하듯 하고 사람에게 하듯 하지 말라
24. 이는 기업의 상을 주께 받을 줄 아나니 너희는 주 그리스도를 섬기느니라
25. 불의를 행하는 자는 불의의 보응을 받으리니 주는 사람을 외모로 취하심이 없느니라

골로새서 4장
1. 상전들아 의와 공평을 종들에게 베풀지니 너희에게도 하늘에 상전이 계심을 알지어다
2. 기도를 계속하고 기도에 감사함으로 깨어 있으라
3. 또한 우리를 위하여 기도하되 하나님이 전도할 문을 우리에게 열어 주사 그리스도의 비밀을 말하게 하시기를 구하라 내가 이 일 때문에 매임을 당하였노라
4. 그리하면 내가 마땅히 할 말로써 이 비밀을 나타내리라
5. 외인에게 대해서는 지혜로 행하여 세월을 아끼라
6. 너희 말을 항상 은혜 가운데서 소금으로 맛을 냄과 같이 하라 그리하면 각 사람에게 마땅히 대답할 것을 알리라
7. 두기고가 내 사정을 다 너희에게 알려 주리니 그는 사랑 받는 형제요 신실한 일꾼이요 주 안에서 함께 종이 된 자니라
8. 내가 그를 특별히 너희에게 보내는 것은 너희로 우리 사정을 알게 하고 너희 마

이니라

21. 아비들아 너희 자녀를 노엽게 하지 말지니 낙심할까 함이라

22. 종들아 모든 일에 육신의 상전들에게 순종하되 사람을 기쁘게 하는 자와 같이 눈가림만 하지 말고 오직 주를 두려워하여 성실한 마음으로 하라

23. 무슨 일을 하든지 마음을 다하여 주께 하듯 하고 사람에게 하듯 하지 말라

24. 이는 기업의 상을 주께 받을 줄 아나니 너희는 주 그리스도를 섬기느니라

25. 불의를 행하는 자는 불의의 보응을 받으리니 주는 사람을 외모로 취하심이 없느니라

골로새서 4장

1. 상전들아 의와 공평을 종들에게 베풀지니 너희에게도 하늘에 상전이 계심을 알지어다

2. 기도를 계속하고 기도에 감사함으로 깨어 있으라

3. 또한 우리를 위하여 기도하되 하나님이 전도할 문을 우리에게 열어 주사 그리스도의 비밀을 말하게 하시기를 구하라 내가 이 일 때문에 매임을 당하였노라

4. 그리하면 내가 마땅히 할 말로써 이 비밀을 나타내리라

5. 외인에게 대해서는 지혜로 행하여 세월을 아끼라

6. 너희 말을 항상 은혜 가운데서 소금으로 맛을 냄과 같이 하라 그리하면 각 사람에게 마땅히 대답할 것을 알리라

7. 두기고가 내 사정을 다 너희에게 알려 주리니 그는 사랑 받는 형제요 신실한 일꾼이요 주 안에서 함께 종이 된 자니라

8. 내가 그를 특별히 너희에게 보내는 것은 너희로 우리 사정을 알게 하고 너희 마

음을 위로하게 하려 함이라
9. 신실하고 사랑을 받는 형제 오네시모를 함께 보내노니 그는 너희에게서
온 사람이라 그들이 여기 일을 다 너희에게 알려 주리라
10. 나와 함께 갇힌 아리스다고와 바나바의 생질 마가와 (이 마가에 대하여
너희가 명을 받았으매 그가 이르거든 영접하라)
11. 유스도라 하는 예수도 너희에게 문안하느니라 그들은 할례파이나 이들
만은 하나님의 나라를 위하여 함께 역사하는 자들이니 이런 사람들이
나의 위로가 되었느니라
12. 그리스도 예수의 종인 너희에게서 온 에바브라가 너희에게 문안하느니
라 그가 항상 너희를 위하여 애써 기도하여 너희로 하나님의 모든 뜻
가운데서 완전하고 확신 있게 서기를 구하나니
13. 그가 너희와 라오디게아에 있는 자들과 히에라볼리에 있는 자들을 위하
여 많이 수고하는 것을 내가 증언하노라
14. 사랑을 받는 의사 누가와 또 데마가 너희에게 문안하느니라
15. 라오디게아에 있는 형제들과 눔바와 그 여자의 집에 있는 교회에 문안
하고
16. 이 편지를 너희에게서 읽은 후에 라오디게아인의 교회에서도 읽게 하고
또 라오디게아로부터 오는 편지를 너희도 읽으라
17. 아킵보에게 이르기를 주 안에서 받은 직분을 삼가 이루라고 하라
18. 나 바울은 친필로 문안하노니 내가 매인 것을 생각하라 은혜가 너희에
게 있을지어다

음을 위로하게 하려 함이라
9. 신실하고 사랑을 받는 형제 오네시모를 함께 보내노니 그는 너희에게서
온 사람이라 그들이 여기 일을 다 너희에게 알려 주리라
10. 나와 함께 갇힌 아리스다고와 바나바의 생질 마가와 (이 마가에 대하여
너희가 명을 받았으매 그가 이르거든 영접하라)
11. 유스도라 하는 예수도 너희에게 문안하느니라 그들은 할례파이나 이들
만은 하나님의 나라를 위하여 함께 역사하는 자들이니 이런 사람들이
나의 위로가 되었느니라
12. 그리스도 예수의 종인 너희에게서 온 에바브라가 너희에게 문안하느니
라 그가 항상 너희를 위하여 애써 기도하여 너희로 하나님의 모든 뜻
가운데서 완전하고 확신 있게 서기를 구하나니
13. 그가 너희와 라오디게아에 있는 자들과 히에라볼리에 있는 자들을 위하
여 많이 수고하는 것을 내가 증언하노라
14. 사랑을 받는 의사 누가와 또 데마가 너희에게 문안하느니라
15. 라오디게아에 있는 형제들과 눔바와 그 여자의 집에 있는 교회에 문안
하고
16. 이 편지를 너희에게서 읽은 후에 라오디게아인의 교회에서도 읽게 하고
또 라오디게아로부터 오는 편지를 너희도 읽으라
17. 아킵보에게 이르기를 주 안에서 받은 직분을 삼가 이루라고 하라
18. 나 바울은 친필로 문안하노니 내가 매인 것을 생각하라 은혜가 너희에
게 있을지어다

데살로니가전서 1장

1. 바울과 실루아노와 디모데는 하나님 아버지와 주 예수 그리스도 안에 있는 데살로니가인의 교회에 편지하노니 은혜와 평강이 너희에게 있을지어다
2. 우리가 너희 모두로 말미암아 항상 하나님께 감사하며 기도할 때에 너희를 기억함은
3. 너희의 믿음의 역사와 사랑의 수고와 우리 주 예수 그리스도에 대한 소망의 인내를 우리 하나님 아버지 앞에서 끊임없이 기억함이니
4. 하나님의 사랑하심을 받은 형제들아 너희를 택하심을 아노라
5. 이는 우리 복음이 너희에게 말로만 이른 것이 아니라 또한 능력과 성령과 큰 확신으로 된 것임이라 우리가 너희 가운데서 너희를 위하여 어떤 사람이 된 것은 너희가 아는 바와 같으니라
6. 또 너희는 많은 환난 가운데서 성령의 기쁨으로 말씀을 받아 우리와 주를 본받은 자가 되었으니
7. 그러므로 너희가 마게도냐와 아가야에 있는 모든 믿는 자의 본이 되었느니라
8. 주의 말씀이 너희에게로부터 마게도냐와 아가야에만 들릴 뿐 아니라 하나님을 향하는 너희 믿음의 소문이 각처에 퍼졌으므로 우리는 아무 말도 할 것이 없노라
9. 그들이 우리에 대하여 스스로 말하기를 우리가 어떻게 너희 가운데에 들어갔는지와 너희가 어떻게 우상을 버리고 하나님께로 돌아와서 살아 계시고 참되신 하나님을 섬기는지와
10. 또 죽은 자들 가운데서 다시 살리신 그의 아들이 하늘로부터 강림하실 것을 너희가 어떻게 기다리는지를 말하니 이는 장래의 노하심에서 우리를 건지시는

데살로니가전서 1장

1. 바울과 실루아노와 디모데는 하나님 아버지와 주 예수 그리스도 안에 있는 데살로니가인의 교회에 편지하노니 은혜와 평강이 너희에게 있을지어다
2. 우리가 너희 모두로 말미암아 항상 하나님께 감사하며 기도할 때에 너희를 기억함은
3. 너희의 믿음의 역사와 사랑의 수고와 우리 주 예수 그리스도에 대한 소망의 인내를 우리 하나님 아버지 앞에서 끊임없이 기억함이니
4. 하나님의 사랑하심을 받은 형제들아 너희를 택하심을 아노라
5. 이는 우리 복음이 너희에게 말로만 이른 것이 아니라 또한 능력과 성령과 큰 확신으로 된 것임이라 우리가 너희 가운데서 너희를 위하여 어떤 사람이 된 것은 너희가 아는 바와 같으니라
6. 또 너희는 많은 환난 가운데서 성령의 기쁨으로 말씀을 받아 우리와 주를 본받은 자가 되었으니
7. 그러므로 너희가 마게도냐와 아가야에 있는 모든 믿는 자의 본이 되었느니라
8. 주의 말씀이 너희에게로부터 마게도냐와 아가야에만 들릴 뿐 아니라 하나님을 향하는 너희 믿음의 소문이 각처에 퍼졌으므로 우리는 아무 말도 할 것이 없노라
9. 그들이 우리에 대하여 스스로 말하기를 우리가 어떻게 너희 가운데에 들어갔는지와 너희가 어떻게 우상을 버리고 하나님께로 돌아와서 살아 계시고 참되신 하나님을 섬기는지와
10. 또 죽은 자들 가운데서 다시 살리신 그의 아들이 하늘로부터 강림하실 것을 너희가 어떻게 기다리는지를 말하니 이는 장래의 노하심에서 우리를 건지시는

예수시니라

데살로니가전서 2장

1. 형제들아 우리가 너희 가운데 들어간 것이 헛되지 않은 줄을 너희가 친히 아나니
2. 너희가 아는 바와 같이 우리가 먼저 빌립보에서 고난과 능욕을 당하였으나 우리 하나님을 힘입어 많은 싸움 중에 하나님의 복음을 너희에게 전하였노라
3. 우리의 권면은 간사함이나 부정에서 난 것이 아니요 속임수로 하는 것도 아니라
4. 오직 하나님께 옳게 여기심을 입어 복음을 위탁 받았으니 우리가 이와 같이 말함은 사람을 기쁘게 하려 함이 아니요 오직 우리 마음을 감찰하시는 하나님을 기쁘시게 하려 함이라
5. 너희도 알거니와 우리가 아무 때에도 아첨하는 말이나 탐심의 탈을 쓰지 아니한 것을 하나님이 증언하시느니라
6. 또한 우리는 너희에게서든지 다른 이에게서든지 사람에게서는 영광을 구하지 아니하였노라
7. 우리는 그리스도의 사도로서 마땅히 권위를 주장할 수 있으나 도리어 너희 가운데서 유순한 자가 되어 유모가 자기 자녀를 기름과 같이 하였으니
8. 우리가 이같이 너희를 사모하여 하나님의 복음뿐 아니라 우리의 목숨까지도 너희에게 주기를 기뻐함은 너희가 우리의 사랑하는 자 됨이라

예수시니라

데살로니가전서 2장

1. 형제들아 우리가 너희 가운데 들어간 것이 헛되지 않은 줄을 너희가 친히 아나니
2. 너희가 아는 바와 같이 우리가 먼저 빌립보에서 고난과 능욕을 당하였으나 우리 하나님을 힘입어 많은 싸움 중에 하나님의 복음을 너희에게 전하였노라
3. 우리의 권면은 간사함이나 부정에서 난 것이 아니요 속임수로 하는 것도 아니라
4. 오직 하나님께 옳게 여기심을 입어 복음을 위탁 받았으니 우리가 이와 같이 말함은 사람을 기쁘게 하려 함이 아니요 오직 우리 마음을 감찰하시는 하나님을 기쁘시게 하려 함이라
5. 너희도 알거니와 우리가 아무 때에도 아첨하는 말이나 탐심의 탈을 쓰지 아니한 것을 하나님이 증언하시느니라
6. 또한 우리는 너희에게서든지 다른 이에게서든지 사람에게서는 영광을 구하지 아니하였노라
7. 우리는 그리스도의 사도로서 마땅히 권위를 주장할 수 있으나 도리어 너희 가운데서 유순한 자가 되어 유모가 자기 자녀를 기름과 같이 하였으니
8. 우리가 이같이 너희를 사모하여 하나님의 복음뿐 아니라 우리의 목숨까지도 너희에게 주기를 기뻐함은 너희가 우리의 사랑하는 자 됨이라

9. 형제들아 우리의 수고와 애쓴 것을 너희가 기억하리니 너희 아무에게도 폐를 끼치지 아니하려고 밤낮으로 일하면서 너희에게 하나님의 복음을 전하였노라

10. 우리가 너희 믿는 자들을 향하여 어떻게 거룩하고 옳고 흠 없이 행하였는지에 대하여 너희가 증인이요 하나님도 그러하시도다

11. 너희도 아는 바와 같이 우리가 너희 각 사람에게 아버지가 자기 자녀에게 하듯 권면하고 위로하고 경계하노니

12. 이는 너희를 부르사 자기 나라와 영광에 이르게 하시는 하나님께 합당히 행하게 하려 함이라

13. 이러므로 우리가 하나님께 끊임없이 감사함은 너희가 우리에게 들은 바 하나님의 말씀을 받을 때에 사람의 말로 받지 아니하고 하나님의 말씀으로 받음이니 진실로 그러하도다 이 말씀이 또한 너희 믿는 자 가운데에서 역사하느니라

14. 형제들아 너희가 그리스도 예수 안에서 유대에 있는 하나님의 교회들을 본받은 자 되었으니 그들이 유대인들에게 고난을 받음과 같이 너희도 너희 동족에게서 동일한 고난을 받았느니라

15. 유대인은 주 예수와 선지자들을 죽이고 우리를 쫓아내고 하나님을 기쁘시게 하지 아니하고 모든 사람에게 대적이 되어

16. 우리가 이방인에게 말하여 구원받게 함을 그들이 금하여 자기 죄를 항상 채우매 노하심이 끝까지 그들에게 임하였느니라

17. 형제들아 우리가 잠시 너희를 떠난 것은 얼굴이요 마음은 아니니 너희 얼굴 보기를 열정으로 더욱 힘썼노라

18. 그러므로 나 바울은 한번 두번 너희에게 가고자 하였으나 사탄이 우리를 막았도다

9. 형제들아 우리의 수고와 애쓴 것을 너희가 기억하리니 너희 아무에게도 폐를 끼치지 아니하려고 밤낮으로 일하면서 너희에게 하나님의 복음을 전하였노라

10. 우리가 너희 믿는 자들을 향하여 어떻게 거룩하고 옳고 흠 없이 행하였는지에 대하여 너희가 증인이요 하나님도 그러하시도다

11. 너희도 아는 바와 같이 우리가 너희 각 사람에게 아버지가 자기 자녀에게 하듯 권면하고 위로하고 경계하노니

12. 이는 너희를 부르사 자기 나라와 영광에 이르게 하시는 하나님께 합당히 행하게 하려 함이라

13. 이러므로 우리가 하나님께 끊임없이 감사함은 너희가 우리에게 들은 바 하나님의 말씀을 받을 때에 사람의 말로 받지 아니하고 하나님의 말씀으로 받음이니 진실로 그러하도다 이 말씀이 또한 너희 믿는 자 가운데에서 역사하느니라

14. 형제들아 너희가 그리스도 예수 안에서 유대에 있는 하나님의 교회들을 본받은 자 되었으니 그들이 유대인들에게 고난을 받음과 같이 너희도 너희 동족에게서 동일한 고난을 받았느니라

15. 유대인은 주 예수와 선지자들을 죽이고 우리를 쫓아내고 하나님을 기쁘시게 하지 아니하고 모든 사람에게 대적이 되어

16. 우리가 이방인에게 말하여 구원받게 함을 그들이 금하여 자기 죄를 항상 채우매 노하심이 끝까지 그들에게 임하였느니라

17. 형제들아 우리가 잠시 너희를 떠난 것은 얼굴이요 마음은 아니니 너희 얼굴 보기를 열정으로 더욱 힘썼노라

18. 그러므로 나 바울은 한번 두번 너희에게 가고자 하였으나 사탄이 우리를 막았도다

19. 우리의 소망이나 기쁨이나 자랑의 면류관이 무엇이냐 그가 강림하실 때 우리 주 예수 앞에 너희가 아니냐
20. 너희는 우리의 영광이요 기쁨이니라

데살로니가전서 3장

1. 이러므로 우리가 참다 못하여 우리만 아덴에 머물기를 좋게 생각하고
2. 우리 형제 곧 그리스도의 복음을 전하는 하나님의 일꾼인 디모데를 보내노니 이는 너희를 굳건하게 하고 너희 믿음에 대하여 위로함으로
3. 아무도 이 여러 환난 중에 흔들리지 않게 하려 함이라 우리가 이것을 위하여 세움 받은 줄을 너희가 친히 알리라
4. 우리가 너희와 함께 있을 때에 장차 받을 환난을 너희에게 미리 말하였는데 과연 그렇게 된 것을 너희가 아느니라
5. 이러므로 나도 참다 못하여 너희 믿음을 알기 위하여 그를 보내었노니 이는 혹 시험하는 자가 너희를 시험하여 우리 수고를 헛되게 할까 함이니
6. 지금은 디모데가 너희에게로부터 와서 너희 믿음과 사랑의 기쁜 소식을 우리에게 전하고 또 너희가 항상 우리를 잘 생각하여 우리가 너희를 간절히 보고자 함과 같이 너희도 우리를 간절히 보고자 한다 하니
7. 이러므로 형제들아 우리가 모든 궁핍과 환난 가운데서 너희 믿음으로 말미암아 너희에게 위로를 받았노라
8. 그러므로 너희가 주 안에 굳게 선즉 우리가 이제는 살리라
9. 우리가 우리 하나님 앞에서 너희로 말미암아 모든 기쁨으로 기뻐하니

19. 우리의 소망이나 기쁨이나 자랑의 면류관이 무엇이냐 그가 강림하실 때 우리 주 예수 앞에 너희가 아니냐
20. 너희는 우리의 영광이요 기쁨이니라

데살로니가전서 3장

1. 이러므로 우리가 참다 못하여 우리만 아덴에 머물기를 좋게 생각하고
2. 우리 형제 곧 그리스도의 복음을 전하는 하나님의 일꾼인 디모데를 보내노니 이는 너희를 굳건하게 하고 너희 믿음에 대하여 위로함으로
3. 아무도 이 여러 환난 중에 흔들리지 않게 하려 함이라 우리가 이것을 위하여 세움 받은 줄을 너희가 친히 알리라
4. 우리가 너희와 함께 있을 때에 장차 받을 환난을 너희에게 미리 말하였는데 과연 그렇게 된 것을 너희가 아느니라
5. 이러므로 나도 참다 못하여 너희 믿음을 알기 위하여 그를 보내었노니 이는 혹 시험하는 자가 너희를 시험하여 우리 수고를 헛되게 할까 함이니
6. 지금은 디모데가 너희에게로부터 와서 너희 믿음과 사랑의 기쁜 소식을 우리에게 전하고 또 너희가 항상 우리를 잘 생각하여 우리가 너희를 간절히 보고자 함과 같이 너희도 우리를 간절히 보고자 한다 하니
7. 이러므로 형제들아 우리가 모든 궁핍과 환난 가운데서 너희 믿음으로 말미암아 너희에게 위로를 받았노라
8. 그러므로 너희가 주 안에 굳게 선즉 우리가 이제는 살리라
9. 우리가 우리 하나님 앞에서 너희로 말미암아 모든 기쁨으로 기뻐하니

너희를 위하여 능히 어떠한 감사로 하나님께 보답할까
10. 주야로 심히 간구함은 너희 얼굴을 보고 너희 믿음이 부족한 것을 보충하게 하려 함이라
11. 하나님 우리 아버지와 우리 주 예수는 우리 길을 너희에게로 갈 수 있게 하시오며
12. 또 주께서 우리가 너희를 사랑함과 같이 너희도 피차간과 모든 사람에 대한 사랑이 더욱 많아 넘치게 하사
13. 너희 마음을 굳건하게 하시고 우리 주 예수께서 그의 모든 성도와 함께 강림하실 때에 하나님 우리 아버지 앞에서 거룩함에 흠이 없게 하시기를 원하노라

데살로니가전서 4장

1. 그러므로 형제들아 우리가 끝으로 주 예수 안에서 너희에게 구하고 권면하노니 너희가 마땅히 어떻게 행하며 하나님을 기쁘시게 할 수 있는지를 우리에게 배웠으니 곧 너희가 행하는 바라 더욱 많이 힘쓰라
2. 우리가 주 예수로 말미암아 너희에게 무슨 명령으로 준 것을 너희가 아느니라
3. 하나님의 뜻은 이것이니 너희의 거룩함이라 곧 음란을 버리고
4. 각각 거룩함과 존귀함으로 자기의 아내 대할 줄을 알고
5. 하나님을 모르는 이방인과 같이 색욕을 따르지 말고
6. 이 일에 분수를 넘어서 형제를 해하지 말라 이는 우리가 너희에게 미리 말하고 증언한 것과 같이 이 모든 일에 주께서 신원하여 주심이라
7. 하나님이 우리를 부르심은 부정하게 하심이 아니요 거룩하게 하심이니
8. 그러므로 저버리는 자는 사람을 저버림이 아니요 너희에게 그의 성령을 주신

너희를 위하여 능히 어떠한 감사로 하나님께 보답할까
10. 주야로 심히 간구함은 너희 얼굴을 보고 너희 믿음이 부족한 것을 보충하게 하려 함이라
11. 하나님 우리 아버지와 우리 주 예수는 우리 길을 너희에게로 갈 수 있게 하시오며
12. 또 주께서 우리가 너희를 사랑함과 같이 너희도 피차간과 모든 사람에 대한 사랑이 더욱 많아 넘치게 하사
13. 너희 마음을 굳건하게 하시고 우리 주 예수께서 그의 모든 성도와 함께 강림하실 때에 하나님 우리 아버지 앞에서 거룩함에 흠이 없게 하시기를 원하노라

데살로니가전서 4장

1. 그러므로 형제들아 우리가 끝으로 주 예수 안에서 너희에게 구하고 권면하노니 너희가 마땅히 어떻게 행하며 하나님을 기쁘시게 할 수 있는지를 우리에게 배웠으니 곧 너희가 행하는 바라 더욱 많이 힘쓰라
2. 우리가 주 예수로 말미암아 너희에게 무슨 명령으로 준 것을 너희가 아느니라
3. 하나님의 뜻은 이것이니 너희의 거룩함이라 곧 음란을 버리고
4. 각각 거룩함과 존귀함으로 자기의 아내 대할 줄을 알고
5. 하나님을 모르는 이방인과 같이 색욕을 따르지 말고
6. 이 일에 분수를 넘어서 형제를 해하지 말라 이는 우리가 너희에게 미리 말하고 증언한 것과 같이 이 모든 일에 주께서 신원하여 주심이라
7. 하나님이 우리를 부르심은 부정하게 하심이 아니요 거룩하게 하심이니
8. 그러므로 저버리는 자는 사람을 저버림이 아니요 너희에게 그의 성령을 주신

하나님을 저버림이니라
9. 형제 사랑에 관하여는 너희에게 쓸 것이 없음은 너희들 자신이 하나님의 가르치심을 받아 서로 사랑함이라
10. 너희가 온 마게도냐 모든 형제에 대하여 과연 이것을 행하도다 형제들아 권하노니 더욱 그렇게 행하고
11. 또 너희에게 명한 것 같이 조용히 자기 일을 하고 너희 손으로 일하기를 힘쓰라
12. 이는 외인에 대하여 단정히 행하고 또한 아무 궁핍함이 없게 하려 함이라
13. 형제들아 자는 자들에 관하여는 너희가 알지 못함을 우리가 원하지 아니하노니 이는 소망 없는 다른 이와 같이 슬퍼하지 않게 하려 함이라
14. 우리가 예수께서 죽으셨다가 다시 살아나심을 믿을진대 이와 같이 예수 안에서 자는 자들도 하나님이 그와 함께 데리고 오시리라
15. 우리가 주의 말씀으로 너희에게 이것을 말하노니 주께서 강림하실 때까지 우리 살아 남아 있는 자도 자는 자보다 결코 앞서지 못하리라
16. 주께서 호령과 천사장의 소리와 하나님의 나팔 소리로 친히 하늘로부터 강림하시리니 그리스도 안에서 죽은 자들이 먼저 일어나고
17. 그 후에 우리 살아 남은 자들도 그들과 함께 구름 속으로 끌어 올려 공중에서 주를 영접하게 하시리니 그리하여 우리가 항상 주와 함께 있으리라
18. 그러므로 이러한 말로 서로 위로하라

하나님을 저버림이니라
9. 형제 사랑에 관하여는 너희에게 쓸 것이 없음은 너희들 자신이 하나님
의 가르치심을 받아 서로 사랑함이라
10. 너희가 온 마게도냐 모든 형제에 대하여 과연 이것을 행하도다 형제들
아 권하노니 더욱 그렇게 행하고
11. 또 너희에게 명한 것 같이 조용히 자기 일을 하고 너희 손으로 일하기를
힘쓰라
12. 이는 외인에 대하여 단정히 행하고 또한 아무 궁핍함이 없게 하려 함
이라
13. 형제들아 자는 자들에 관하여는 너희가 알지 못함을 우리가 원하지 아
니하노니 이는 소망 없는 다른 이와 같이 슬퍼하지 않게 하려 함이라
14. 우리가 예수께서 죽으셨다가 다시 살아나심을 믿을진대 이와 같이 예수
안에서 자는 자들도 하나님이 그와 함께 데리고 오시리라
15. 우리가 주의 말씀으로 너희에게 이것을 말하노니 주께서 강림하실 때까
지 우리 살아 남아 있는 자도 자는 자보다 결코 앞서지 못하리라
16. 주께서 호령과 천사장의 소리와 하나님의 나팔 소리로 친히 하늘로부터
강림하시리니 그리스도 안에서 죽은 자들이 먼저 일어나고
17. 그 후에 우리 살아 남은 자들도 그들과 함께 구름 속으로 끌어 올려 공
중에서 주를 영접하게 하시리니 그리하여 우리가 항상 주와 함께 있으
리라
18. 그러므로 이러한 말로 서로 위로하라

데살로니가전서 5장

1. 형제들아 때와 시기에 관하여는 너희에게 쓸 것이 없음은
2. 주의 날이 밤에 도둑 같이 이를 줄을 너희 자신이 자세히 알기 때문이라
3. 그들이 평안하다, 안전하다 할 그 때에 임신한 여자에게 해산의 고통이 이름과 같이 멸망이 갑자기 그들에게 이르리니 결코 피하지 못하리라
4. 형제들아 너희는 어둠에 있지 아니하매 그 날이 도둑 같이 너희에게 임하지 못하리니
5. 너희는 다 빛의 아들이요 낮의 아들이라 우리가 밤이나 어둠에 속하지 아니하나니
6. 그러므로 우리는 다른 이들과 같이 자지 말고 오직 깨어 정신을 차릴지라
7. 자는 자들은 밤에 자고 취하는 자들은 밤에 취하되
8. 우리는 낮에 속하였으니 정신을 차리고 믿음과 사랑의 호심경을 붙이고 구원의 소망의 투구를 쓰자
9. 하나님이 우리를 세우심은 노하심에 이르게 하심이 아니요 오직 우리 주 예수 그리스도로 말미암아 구원을 받게 하심이라
10. 예수께서 우리를 위하여 죽으사 우리로 하여금 깨어 있든지 자든지 자기와 함께 살게 하려 하셨느니라
11. 그러므로 피차 권면하고 서로 덕을 세우기를 너희가 하는 것 같이 하라
12. 형제들아 우리가 너희에게 구하노니 너희 가운데서 수고하고 주 안에서 너희를 다스리며 권하는 자들을 너희가 알고
13. 그들의 역사로 말미암아 사랑 안에서 가장 귀히 여기며 너희끼리 화목하라
14. 또 형제들아 너희를 권면하노니 게으른 자들을 권계하며 마음이 약한 자들을

데살로니가전서 5장

1. 형제들아 때와 시기에 관하여는 너희에게 쓸 것이 없음은
2. 주의 날이 밤에 도둑 같이 이를 줄을 너희 자신이 자세히 알기 때문이라
3. 그들이 평안하다, 안전하다 할 그 때에 임신한 여자에게 해산의 고통이 이름과 같이 멸망이 갑자기 그들에게 이르리니 결코 피하지 못하리라
4. 형제들아 너희는 어둠에 있지 아니하매 그 날이 도둑 같이 너희에게 임하지 못하리니
5. 너희는 다 빛의 아들이요 낮의 아들이라 우리가 밤이나 어둠에 속하지 아니하나니
6. 그러므로 우리는 다른 이들과 같이 자지 말고 오직 깨어 정신을 차릴지라
7. 자는 자들은 밤에 자고 취하는 자들은 밤에 취하되
8. 우리는 낮에 속하였으니 정신을 차리고 믿음과 사랑의 호심경을 붙이고 구원의 소망의 투구를 쓰자
9. 하나님이 우리를 세우심은 노하심에 이르게 하심이 아니요 오직 우리 주 예수 그리스도로 말미암아 구원을 받게 하심이라
10. 예수께서 우리를 위하여 죽으사 우리로 하여금 깨어 있든지 자든지 자기와 함께 살게 하려 하셨느니라
11. 그러므로 피차 권면하고 서로 덕을 세우기를 너희가 하는 것 같이 하라
12. 형제들아 우리가 너희에게 구하노니 너희 가운데서 수고하고 주 안에서 너희를 다스리며 권하는 자들을 너희가 알고
13. 그들의 역사로 말미암아 사랑 안에서 가장 귀히 여기며 너희끼리 화목하라
14. 또 형제들아 너희를 권면하노니 게으른 자들을 권계하며 마음이 약한 자들을

격려하고 힘이 없는 자들을 붙들어 주며 모든 사람에게 오래 참으라
15. 삼가 누가 누구에게든지 악으로 악을 갚지 말게 하고 서로 대하든지 모
든 사람을 대하든지 항상 선을 따르라
16. 항상 기뻐하라
17. 쉬지 말고 기도하라
18. 범사에 감사하라 이것이 그리스도 예수 안에서 너희를 향하신 하나님의
뜻이니라
19. 성령을 소멸하지 말며
20. 예언을 멸시하지 말고
21. 범사에 헤아려 좋은 것을 취하고
22. 악은 어떤 모양이라도 버리라
23. 평강의 하나님이 친히 너희를 온전히 거룩하게 하시고 또 너희의 온 영
과 혼과 몸이 우리 주 예수 그리스도께서 강림하실 때에 흠 없게 보전
되기를 원하노라
24. 너희를 부르시는 이는 미쁘시니 그가 또한 이루시리라
25. 형제들아 우리를 위하여 기도하라
26. 거룩하게 입맞춤으로 모든 형제에게 문안하라
27. 내가 주를 힘입어 너희를 명하노니 모든 형제에게 이 편지를 읽어 주라
28. 우리 주 예수 그리스도의 은혜가 너희에게 있을지어다

격려하고 힘이 없는 자들을 붙들어 주며 모든 사람에게 오래 참으라
15. 삼가 누가 누구에게든지 악으로 악을 갚지 말게 하고 서로 대하든지 모
든 사람을 대하든지 항상 선을 따르라
16. 항상 기뻐하라
17. 쉬지 말고 기도하라
18. 범사에 감사하라 이것이 그리스도 예수 안에서 너희를 향하신 하나님의
뜻이니라
19. 성령을 소멸하지 말며
20. 예언을 멸시하지 말고
21. 범사에 헤아려 좋은 것을 취하고
22. 악은 어떤 모양이라도 버리라
23. 평강의 하나님이 친히 너희를 온전히 거룩하게 하시고 또 너희의 온 영
과 혼과 몸이 우리 주 예수 그리스도께서 강림하실 때에 흠 없게 보전
되기를 원하노라
24. 너희를 부르시는 이는 미쁘시니 그가 또한 이루시리라
25. 형제들아 우리를 위하여 기도하라
26. 거룩하게 입맞춤으로 모든 형제에게 문안하라
27. 내가 주를 힘입어 너희를 명하노니 모든 형제에게 이 편지를 읽어 주라
28. 우리 주 예수 그리스도의 은혜가 너희에게 있을지어다

데살로니가후서 1장

1. 바울과 실루아노와 디모데는 하나님 우리 아버지와 주 예수 그리스도 안에 있는 데살로니가인의 교회에 편지하노니
2. 하나님 아버지와 주 예수 그리스도로부터 은혜와 평강이 너희에게 있을지어다
3. 형제들아 우리가 너희를 위하여 항상 하나님께 감사할지니 이것이 당연함은 너희의 믿음이 더욱 자라고 너희가 다 각기 서로 사랑함이 풍성함이니
4. 그러므로 너희가 견디고 있는 모든 박해와 환난 중에서 너희 인내와 믿음으로 말미암아 하나님의 여러 교회에서 우리가 친히 자랑하노라
5. 이는 하나님의 공의로운 심판의 표요 너희로 하여금 하나님의 나라에 합당한 자로 여김을 받게 하려 함이니 그 나라를 위하여 너희가 또한 고난을 받느니라
6. 너희로 환난을 받게 하는 자들에게는 환난으로 갚으시고
7. 환난을 받는 너희에게는 우리와 함께 안식으로 갚으시는 것이 하나님의 공의시니 주 예수께서 자기의 능력의 천사들과 함께 하늘로부터 불꽃 가운데에 나타나실 때에
8. 하나님을 모르는 자들과 우리 주 예수의 복음에 복종하지 않는 자들에게 형벌을 내리시리니
9. 이런 자들은 주의 얼굴과 그의 힘의 영광을 떠나 영원한 멸망의 형벌을 받으리로다
10. 그 날에 그가 강림하사 그의 성도들에게서 영광을 받으시고 모든 믿는 자들에게서 놀랍게 여김을 얻으시리니 이는 (우리의 증거가 너희에게 믿어졌음이라)
11. 이러므로 우리도 항상 너희를 위하여 기도함은 우리 하나님이 너희를 그 부르심에 합당한 자로 여기시고 모든 선을 기뻐함과 믿음의 역사를 능력으로 이루

데살로니가후서 1장

1. 바울과 실루아노와 디모데는 하나님 우리 아버지와 주 예수 그리스도 안에 있는 데살로니가인의 교회에 편지하노니
2. 하나님 아버지와 주 예수 그리스도로부터 은혜와 평강이 너희에게 있을지어다
3. 형제들아 우리가 너희를 위하여 항상 하나님께 감사할지니 이것이 당연함은 너희의 믿음이 더욱 자라고 너희가 다 각기 서로 사랑함이 풍성함이니
4. 그러므로 너희가 견디고 있는 모든 박해와 환난 중에서 너희 인내와 믿음으로 말미암아 하나님의 여러 교회에서 우리가 친히 자랑하노라
5. 이는 하나님의 공의로운 심판의 표요 너희로 하여금 하나님의 나라에 합당한 자로 여김을 받게 하려 함이니 그 나라를 위하여 너희가 또한 고난을 받느니라
6. 너희로 환난을 받게 하는 자들에게는 환난으로 갚으시고
7. 환난을 받는 너희에게는 우리와 함께 안식으로 갚으시는 것이 하나님의 공의시니 주 예수께서 자기의 능력의 천사들과 함께 하늘로부터 불꽃 가운데에 나타나실 때에
8. 하나님을 모르는 자들과 우리 주 예수의 복음에 복종하지 않는 자들에게 형벌을 내리시리니
9. 이런 자들은 주의 얼굴과 그의 힘의 영광을 떠나 영원한 멸망의 형벌을 받으리로다
10. 그 날에 그가 강림하사 그의 성도들에게서 영광을 받으시고 모든 믿는 자들에게서 놀랍게 여김을 얻으시리니 이는 (우리의 증거가 너희에게 믿어졌음이라)
11. 이러므로 우리도 항상 너희를 위하여 기도함은 우리 하나님이 너희를 그 부르심에 합당한 자로 여기시고 모든 선을 기뻐함과 믿음의 역사를 능력으로 이루

게 하시고
12. 우리 하나님과 주 예수 그리스도의 은혜대로 우리 주 예수의 이름이 너희 가운데서 영광을 받으시고 너희도 그 안에서 영광을 받게 하려 함이라

데살로니가후서 2장
1. 형제들아 우리가 너희에게 구하는 것은 우리 주 예수 그리스도의 강림하심과 우리가 그 앞에 모임에 관하여
2. 영으로나 또는 말로나 또는 우리에게서 받았다 하는 편지로나 주의 날이 이르렀다고 해서 쉽게 마음이 흔들리거나 두려워하거나 하지 말아야 한다는 것이라
3. 누가 어떻게 하여도 너희가 미혹되지 말라 먼저 배교하는 일이 있고 저 불법의 사람 곧 멸망의 아들이 나타나기 전에는 그 날이 이르지 아니하리니
4. 그는 대적하는 자라 신이라고 불리는 모든 것과 숭배함을 받는 것에 대항하여 그 위에 자기를 높이고 하나님의 성전에 앉아 자기를 하나님이라고 내세우느니라
5. 내가 너희와 함께 있을 때에 이 일을 너희에게 말한 것을 기억하지 못하느냐
6. 너희는 지금 그로 하여금 그의 때에 나타나게 하려 하여 막는 것이 있는 것을 아나니
7. 불법의 비밀이 이미 활동하였으나 지금은 그것을 막는 자가 있어 그 중

게 하시고
12. 우리 하나님과 주 예수 그리스도의 은혜대로 우리 주 예수의 이름이 너희 가운데서 영광을 받으시고 너희도 그 안에서 영광을 받게 하려 함이라

데살로니가후서 2장

1. 형제들아 우리가 너희에게 구하는 것은 우리 주 예수 그리스도의 강림하심과 우리가 그 앞에 모임에 관하여
2. 영으로나 또는 말로나 또는 우리에게서 받았다 하는 편지로나 주의 날이 이르렀다고 해서 쉽게 마음이 흔들리거나 두려워하거나 하지 말아야 한다는 것이라
3. 누가 어떻게 하여도 너희가 미혹되지 말라 먼저 배교하는 일이 있고 저 불법의 사람 곧 멸망의 아들이 나타나기 전에는 그 날이 이르지 아니하리니
4. 그는 대적하는 자라 신이라고 불리는 모든 것과 숭배함을 받는 것에 대항하여 그 위에 자기를 높이고 하나님의 성전에 앉아 자기를 하나님이라고 내세우느니라
5. 내가 너희와 함께 있을 때에 이 일을 너희에게 말한 것을 기억하지 못하느냐
6. 너희는 지금 그로 하여금 그의 때에 나타나게 하려 하여 막는 것이 있는 것을 아나니
7. 불법의 비밀이 이미 활동하였으나 지금은 그것을 막는 자가 있어 그 중

에서 옮겨질 때까지 하리라
8. 그 때에 불법한 자가 나타나리니 주 예수께서 그 입의 기운으로 그를 죽이시고 강림하여 나타나심으로 폐하시리라
9. 악한 자의 나타남은 사탄의 활동을 따라 모든 능력과 표적과 거짓 기적과
10. 불의의 모든 속임으로 멸망하는 자들에게 있으리니 이는 그들이 진리의 사랑을 받지 아니하여 구원함을 받지 못함이라
11. 이러므로 하나님이 미혹의 역사를 그들에게 보내사 거짓 것을 믿게 하심은
12. 진리를 믿지 않고 불의를 좋아하는 모든 자들로 하여금 심판을 받게 하려 하심이라
13. 주께서 사랑하시는 형제들아 우리가 항상 너희에 관하여 마땅히 하나님께 감사할 것은 하나님이 처음부터 너희를 택하사 성령의 거룩하게 하심과 진리를 믿음으로 구원을 받게 하심이니
14. 이를 위하여 우리의 복음으로 너희를 부르사 우리 주 예수 그리스도의 영광을 얻게 하려 하심이니라
15. 그러므로 형제들아 굳건하게 서서 말로나 우리의 편지로 가르침을 받은 전통을 지키라
16. 우리 주 예수 그리스도와 우리를 사랑하시고 영원한 위로와 좋은 소망을 은혜로 주신 하나님 우리 아버지께서
17. 너희 마음을 위로하시고 모든 선한 일과 말에 굳건하게 하시기를 원하노라

데살로니가후서 3장

1. 끝으로 형제들아 너희는 우리를 위하여 기도하기를 주의 말씀이 너희 가운데서

에서 옮겨질 때까지 하리라
8. 그 때에 불법한 자가 나타나리니 주 예수께서 그 입의 기운으로 그를 죽이시고
강림하여 나타나심으로 폐하시리라
9. 악한 자의 나타남은 사탄의 활동을 따라 모든 능력과 표적과 거짓 기적과
10. 불의의 모든 속임으로 멸망하는 자들에게 있으리니 이는 그들이 진리의 사랑을
받지 아니하여 구원함을 받지 못함이라
11. 이러므로 하나님이 미혹의 역사를 그들에게 보내사 거짓 것을 믿게 하심은
12. 진리를 믿지 않고 불의를 좋아하는 모든 자들로 하여금 심판을 받게 하려 하심
이라
13. 주께서 사랑하시는 형제들아 우리가 항상 너희에 관하여 마땅히 하나님께 감사
할 것은 하나님이 처음부터 너희를 택하사 성령의 거룩하게 하심과 진리를 믿
음으로 구원을 받게 하심이니
14. 이를 위하여 우리의 복음으로 너희를 부르사 우리 주 예수 그리스도의 영광을
얻게 하려 하심이니라
15. 그러므로 형제들아 굳건하게 서서 말로나 우리의 편지로 가르침을 받은 전통을
지키라
16. 우리 주 예수 그리스도와 우리를 사랑하시고 영원한 위로와 좋은 소망을 은혜
로 주신 하나님 우리 아버지께서
17. 너희 마음을 위로하시고 모든 선한 일과 말에 굳건하게 하시기를 원하노라

데살로니가후서 3장

1. 끝으로 형제들아 너희는 우리를 위하여 기도하기를 주의 말씀이 너희 가운데서

와 같이 퍼져 나가 영광스럽게 되고
2. 또한 우리를 부당하고 악한 사람들에게서 건지시옵소서 하라 믿음은 모든 사람의 것이 아니니라
3. 주는 미쁘사 너희를 굳건하게 하시고 악한 자에게서 지키시리라
4. 너희에 대하여는 우리가 명한 것을 너희가 행하고 또 행할 줄을 우리가 주 안에서 확신하노니
5. 주께서 너희 마음을 인도하여 하나님의 사랑과 그리스도의 인내에 들어가게 하시기를 원하노라
6. 형제들아 우리 주 예수 그리스도의 이름으로 너희를 명하노니 게으르게 행하고 우리에게서 받은 전통대로 행하지 아니하는 모든 형제에게서 떠나라
7. 어떻게 우리를 본받아야 할지를 너희가 스스로 아나니 우리가 너희 가운데서 무질서하게 행하지 아니하며
8. 누구에게서든지 음식을 값없이 먹지 않고 오직 수고하고 애써 주야로 일함은 너희 아무에게도 폐를 끼치지 아니하려 함이니
9. 우리에게 권리가 없는 것이 아니요 오직 스스로 너희에게 본을 보여 우리를 본받게 하려 함이니라
10. 우리가 너희와 함께 있을 때에도 너희에게 명하기를 누구든지 일하기 싫어하거든 먹지도 말게 하라 하였더니
11. 우리가 들은즉 너희 가운데 게으르게 행하여 도무지 일하지 아니하고 일을 만들기만 하는 자들이 있다 하니
12. 이런 자들에게 우리가 명하고 주 예수 그리스도 안에서 권하기를 조용

와 같이 퍼져 나가 영광스럽게 되고
2. 또한 우리를 부당하고 악한 사람들에게서 건지시옵소서 하라 믿음은 모든 사람의 것이 아니니라
3. 주는 미쁘사 너희를 굳건하게 하시고 악한 자에게서 지키시리라
4. 너희에 대하여는 우리가 명한 것을 너희가 행하고 또 행할 줄을 우리가 주 안에서 확신하노니
5. 주께서 너희 마음을 인도하여 하나님의 사랑과 그리스도의 인내에 들어가게 하시기를 원하노라
6. 형제들아 우리 주 예수 그리스도의 이름으로 너희를 명하노니 게으르게 행하고 우리에게서 받은 전통대로 행하지 아니하는 모든 형제에게서 떠나라
7. 어떻게 우리를 본받아야 할지를 너희가 스스로 아나니 우리가 너희 가운데서 무질서하게 행하지 아니하며
8. 누구에게서든지 음식을 값없이 먹지 않고 오직 수고하고 애써 주야로 일함은 너희 아무에게도 폐를 끼치지 아니하려 함이니
9. 우리에게 권리가 없는 것이 아니요 오직 스스로 너희에게 본을 보여 우리를 본받게 하려 함이니라
10. 우리가 너희와 함께 있을 때에도 너희에게 명하기를 누구든지 일하기 싫어하거든 먹지도 말게 하라 하였더니
11. 우리가 들은즉 너희 가운데 게으르게 행하여 도무지 일하지 아니하고 일을 만들기만 하는 자들이 있다 하니
12. 이런 자들에게 우리가 명하고 주 예수 그리스도 안에서 권하기를 조용

히 일하여 자기 양식을 먹으라 하노라
13. 형제들아 너희는 선을 행하다가 낙심하지 말라
14. 누가 이 편지에 한 우리 말을 순종하지 아니하거든 그 사람을 지목하여 사귀지
말고 그로 하여금 부끄럽게 하라
15. 그러나 원수와 같이 생각하지 말고 형제 같이 권면하라
16. 평강의 주께서 친히 때마다 일마다 너희에게 평강을 주시고 주께서 너희 모든
사람과 함께 하시기를 원하노라
17. 나 바울은 친필로 문안하노니 이는 편지마다 표시로서 이렇게 쓰노라
18. 우리 주 예수 그리스도의 은혜가 너희 무리에게 있을지어다

히 일하여 자기 양식을 먹으라 하노라
13. 형제들아 너희는 선을 행하다가 낙심하지 말라
14. 누가 이 편지에 한 우리 말을 순종하지 아니하거든 그 사람을 지목하여 사귀지
말고 그로 하여금 부끄럽게 하라
15. 그러나 원수와 같이 생각하지 말고 형제 같이 권면하라
16. 평강의 주께서 친히 때마다 일마다 너희에게 평강을 주시고 주께서 너희 모든
사람과 함께 하시기를 원하노라
17. 나 바울은 친필로 문안하노니 이는 편지마다 표시로서 이렇게 쓰노라
18. 우리 주 예수 그리스도의 은혜가 너희 무리에게 있을지어다

디모데전서 1장

1. 우리 구주 하나님과 우리의 소망이신 그리스도 예수의 명령을 따라 그리스도 예수의 사도 된 바울은
2. 믿음 안에서 참 아들 된 디모데에게 편지하노니 하나님 아버지와 그리스도 예수 우리 주께로부터 은혜와 긍휼과 평강이 네게 있을지어다
3. 내가 마게도냐로 갈 때에 너를 권하여 에베소에 머물라 한 것은 어떤 사람들을 명하여 다른 교훈을 가르치지 말며
4. 신화와 끝없는 족보에 몰두하지 말게 하려 함이라 이런 것은 믿음 안에 있는 하나님의 경륜을 이룸보다 도리어 변론을 내는 것이라
5. 이 교훈의 목적은 청결한 마음과 선한 양심과 거짓이 없는 믿음에서 나오는 사랑이거늘
6. 사람들이 이에서 벗어나 헛된 말에 빠져
7. 율법의 선생이 되려 하나 자기가 말하는 것이나 자기가 확증하는 것도 깨닫지 못하는도다
8. 그러나 율법은 사람이 그것을 적법하게만 쓰면 선한 것임을 우리는 아노라
9. 알 것은 이것이니 율법은 옳은 사람을 위하여 세운 것이 아니요 오직 불법한 자와 복종하지 아니하는 자와 경건하지 아니한 자와 죄인과 거룩하지 아니한 자와 망령된 자와 아버지를 죽이는 자와 어머니를 죽이는 자와 살인하는 자며
10. 음행하는 자와 남색하는 자와 인신 매매를 하는 자와 거짓말하는 자와 거짓맹세하는 자와 기타 바른 교훈을 거스르는 자를 위함이니

디모데전서 1장

1. 우리 구주 하나님과 우리의 소망이신 그리스도 예수의 명령을 따라 그리스도 예수의 사도 된 바울은
2. 믿음 안에서 참 아들 된 디모데에게 편지하노니 하나님 아버지와 그리스도 예수 우리 주께로부터 은혜와 긍휼과 평강이 네게 있을지어다
3. 내가 마게도냐로 갈 때에 너를 권하여 에베소에 머물라 한 것은 어떤 사람들을 명하여 다른 교훈을 가르치지 말며
4. 신화와 끝없는 족보에 몰두하지 말게 하려 함이라 이런 것은 믿음 안에 있는 하나님의 경륜을 이룸보다 도리어 변론을 내는 것이라
5. 이 교훈의 목적은 청결한 마음과 선한 양심과 거짓이 없는 믿음에서 나오는 사랑이거늘
6. 사람들이 이에서 벗어나 헛된 말에 빠져
7. 율법의 선생이 되려 하나 자기가 말하는 것이나 자기가 확증하는 것도 깨닫지 못하는도다
8. 그러나 율법은 사람이 그것을 적법하게만 쓰면 선한 것임을 우리는 아노라
9. 알 것은 이것이니 율법은 옳은 사람을 위하여 세운 것이 아니요 오직 불법한 자와 복종하지 아니하는 자와 경건하지 아니한 자와 죄인과 거룩하지 아니한 자와 망령된 자와 아버지를 죽이는 자와 어머니를 죽이는 자와 살인하는 자며
10. 음행하는 자와 남색하는 자와 인신 매매를 하는 자와 거짓말하는 자와 거짓맹세하는 자와 기타 바른 교훈을 거스르는 자를 위함이니

11. 이 교훈은 내게 맡기신 바 복되신 하나님의 영광의 복음을 따름이니라
12. 나를 능하게 하신 그리스도 예수 우리 주께 내가 감사함은 나를 충성되이 여겨 내게 직분을 맡기심이니
13. 내가 전에는 비방자요 박해자요 폭행자였으나 도리어 긍휼을 입은 것은 내가 믿지 아니할 때에 알지 못하고 행하였음이라
14. 우리 주의 은혜가 그리스도 예수 안에 있는 믿음과 사랑과 함께 넘치도록 풍성하였도다
15. 미쁘다 모든 사람이 받을 만한 이 말이여 그리스도 예수께서 죄인을 구원하시려고 세상에 임하셨다 하였도다 죄인 중에 내가 괴수니라
16. 그러나 내가 긍휼을 입은 까닭은 예수 그리스도께서 내게 먼저 일체 오래 참으심을 보이사 후에 주를 믿어 영생 얻는 자들에게 본이 되게 하려 하심이라
17. 영원하신 왕 곧 썩지 아니하고 보이지 아니하고 홀로 하나이신 하나님께 존귀와 영광이 영원무궁하도록 있을지어다 아멘
18. 아들 디모데야 내가 네게 이 교훈으로써 명하노니 전에 너를 지도한 예언을 따라 그것으로 선한 싸움을 싸우며
19. 믿음과 착한 양심을 가지라 어떤 이들은 이 양심을 버렸고 그 믿음에 관하여는 파선하였느니라
20. 그 가운데 후메내오와 알렉산더가 있으니 내가 사탄에게 내준 것은 그들로 훈계를 받아 신성을 모독하지 못하게 하려 함이라

디모데전서 2장

1. 그러므로 내가 첫째로 권하노니 모든 사람을 위하여 간구와 기도와 도고와 감

11. 이 교훈은 내게 맡기신 바 복되신 하나님의 영광의 복음을 따름이니라
12. 나를 능하게 하신 그리스도 예수 우리 주께 내가 감사함은 나를 충성되이 여겨 내게 직분을 맡기심이니
13. 내가 전에는 비방자요 박해자요 폭행자였으나 도리어 긍휼을 입은 것은 내가 믿지 아니할 때에 알지 못하고 행하였음이라
14. 우리 주의 은혜가 그리스도 예수 안에 있는 믿음과 사랑과 함께 넘치도록 풍성하였도다
15. 미쁘다 모든 사람이 받을 만한 이 말이여 그리스도 예수께서 죄인을 구원하시려고 세상에 임하셨다 하였도다 죄인 중에 내가 괴수니라
16. 그러나 내가 긍휼을 입은 까닭은 예수 그리스도께서 내게 먼저 일체 오래 참으심을 보이사 후에 주를 믿어 영생 얻는 자들에게 본이 되게 하려 하심이라
17. 영원하신 왕 곧 썩지 아니하고 보이지 아니하고 홀로 하나이신 하나님께 존귀와 영광이 영원무궁하도록 있을지어다 아멘
18. 아들 디모데야 내가 네게 이 교훈으로써 명하노니 전에 너를 지도한 예언을 따라 그것으로 선한 싸움을 싸우며
19. 믿음과 착한 양심을 가지라 어떤 이들은 이 양심을 버렸고 그 믿음에 관하여는 파선하였느니라
20. 그 가운데 후메내오와 알렉산더가 있으니 내가 사탄에게 내준 것은 그들로 훈계를 받아 신성을 모독하지 못하게 하려 함이라

디모데전서 2장

1. 그러므로 내가 첫째로 권하노니 모든 사람을 위하여 간구와 기도와 도고와 감

사를 하되
2. 임금들과 높은 지위에 있는 모든 사람을 위하여 하라 이는 우리가 모든 경건과 단정함으로 고요하고 평안한 생활을 하려 함이라
3. 이것이 우리 구주 하나님 앞에 선하고 받으실 만한 것이니
4. 하나님은 모든 사람이 구원을 받으며 진리를 아는 데에 이르기를 원하시느니라
5. 하나님은 한 분이시요 또 하나님과 사람 사이에 중보자도 한 분이시니 곧 사람이신 그리스도 예수라
6. 그가 모든 사람을 위하여 자기를 대속물로 주셨으니 기약이 이르러 주신 증거니라
7. 이를 위하여 내가 전파하는 자와 사도로 세움을 입은 것은 참말이요 거짓말이 아니니 믿음과 진리 안에서 내가 이방인의 스승이 되었노라
8. 그러므로 각처에서 남자들이 분노와 다툼이 없이 거룩한 손을 들어 기도하기를 원하노라
9. 또 이와 같이 여자들도 단정하게 옷을 입으며 소박함과 정절로써 자기를 단장하고 땋은 머리와 금이나 진주나 값진 옷으로 하지 말고
10. 오직 선행으로 하기를 원하노라 이것이 하나님을 경외한다 하는 자들에게 마땅한 것이니라
11. 여자는 일체 순종함으로 조용히 배우라
12. 여자가 가르치는 것과 남자를 주관하는 것을 허락하지 아니하노니 오직 조용할지니라
13. 이는 아담이 먼저 지음을 받고 하와가 그 후며

사를 하되
2. 임금들과 높은 지위에 있는 모든 사람을 위하여 하라 이는 우리가 모든
경건과 단정함으로 고요하고 평안한 생활을 하려 함이라
3. 이것이 우리 구주 하나님 앞에 선하고 받으실 만한 것이니
4. 하나님은 모든 사람이 구원을 받으며 진리를 아는 데에 이르기를 원하
시느니라
5. 하나님은 한 분이시요 또 하나님과 사람 사이에 중보자도 한 분이시니
곧 사람이신 그리스도 예수라
6. 그가 모든 사람을 위하여 자기를 대속물로 주셨으니 기약이 이르러 주
신 증거니라
7. 이를 위하여 내가 전파하는 자와 사도로 세움을 입은 것은 참말이요 거
짓말이 아니니 믿음과 진리 안에서 내가 이방인의 스승이 되었노라
8. 그러므로 각처에서 남자들이 분노와 다툼이 없이 거룩한 손을 들어 기
도하기를 원하노라
9. 또 이와 같이 여자들도 단정하게 옷을 입으며 소박함과 정절로써 자기
를 단장하고 땋은 머리와 금이나 진주나 값진 옷으로 하지 말고
10. 오직 선행으로 하기를 원하노라 이것이 하나님을 경외한다 하는 자들에
게 마땅한 것이니라
11. 여자는 일체 순종함으로 조용히 배우라
12. 여자가 가르치는 것과 남자를 주관하는 것을 허락하지 아니하노니 오직
조용할지니라
13. 이는 아담이 먼저 지음을 받고 하와가 그 후며

14. 아담이 속은 것이 아니고 여자가 속아 죄에 빠졌음이라
15. 그러나 여자들이 만일 정숙함으로써 믿음과 사랑과 거룩함에 거하면 그의 해산함으로 구원을 얻으리라

디모데전서 3장

1. 미쁘다 이 말이여, 곧 사람이 감독의 직분을 얻으려 함은 선한 일을 사모하는 것이라 함이로다
2. 그러므로 감독은 책망할 것이 없으며 한 아내의 남편이 되며 절제하며 신중하며 단정하며 나그네를 대접하며 가르치기를 잘하며
3. 술을 즐기지 아니하며 구타하지 아니하며 오직 관용하며 다투지 아니하며 돈을 사랑하지 아니하며
4. 자기 집을 잘 다스려 자녀들로 모든 공손함으로 복종하게 하는 자라야 할지며
5. (사람이 자기 집을 다스릴 줄 알지 못하면 어찌 하나님의 교회를 돌보리요)
6. 새로 입교한 자도 말지니 교만하여져서 마귀를 정죄하는 그 정죄에 빠질까 함이요
7. 또한 외인에게서도 선한 증거를 얻은 자라야 할지니 비방과 마귀의 올무에 빠질까 염려하라
8. 이와 같이 집사들도 정중하고 일구이언을 하지 아니하고 술에 인박히지 아니하고 더러운 이를 탐하지 아니하고
9. 깨끗한 양심에 믿음의 비밀을 가진 자라야 할지니
10. 이에 이 사람들을 먼저 시험하여 보고 그 후에 책망할 것이 없으면 집사의 직분을 맡게 할 것이요

14. 아담이 속은 것이 아니고 여자가 속아 죄에 빠졌음이라
15. 그러나 여자들이 만일 정숙함으로써 믿음과 사랑과 거룩함에 거하면 그의 해산함으로 구원을 얻으리라

디모데전서 3장

1. 미쁘다 이 말이여, 곧 사람이 감독의 직분을 얻으려 함은 선한 일을 사모하는 것이라 함이로다
2. 그러므로 감독은 책망할 것이 없으며 한 아내의 남편이 되며 절제하며 신중하며 단정하며 나그네를 대접하며 가르치기를 잘하며
3. 술을 즐기지 아니하며 구타하지 아니하며 오직 관용하며 다투지 아니하며 돈을 사랑하지 아니하며
4. 자기 집을 잘 다스려 자녀들로 모든 공손함으로 복종하게 하는 자라야 할지며
5. (사람이 자기 집을 다스릴 줄 알지 못하면 어찌 하나님의 교회를 돌보리요)
6. 새로 입교한 자도 말지니 교만하여져서 마귀를 정죄하는 그 정죄에 빠질까 함이요
7. 또한 외인에게서도 선한 증거를 얻은 자라야 할지니 비방과 마귀의 올무에 빠질까 염려하라
8. 이와 같이 집사들도 정중하고 일구이언을 하지 아니하고 술에 인박히지 아니하고 더러운 이를 탐하지 아니하고
9. 깨끗한 양심에 믿음의 비밀을 가진 자라야 할지니
10. 이에 이 사람들을 먼저 시험하여 보고 그 후에 책망할 것이 없으면 집사의 직분을 맡게 할 것이요

11. 여자들도 이와 같이 정숙하고 모함하지 아니하며 절제하며 모든 일에 충성된 자라야 할지니라
12. 집사들은 한 아내의 남편이 되어 자녀와 자기 집을 잘 다스리는 자일지니
13. 집사의 직분을 잘한 자들은 아름다운 지위와 그리스도 예수 안에 있는 믿음에 큰 담력을 얻느니라
14. 내가 속히 네게 가기를 바라나 이것을 네게 쓰는 것은
15. 만일 내가 지체하면 너로 하여금 하나님의 집에서 어떻게 행하여야 할지를 알게 하려 함이니 이 집은 살아 계신 하나님의 교회요 진리의 기둥과 터니라
16. 크도다 경건의 비밀이여, 그렇지 않다 하는 이 없도다 그는 육신으로 나타난 바 되시고 영으로 의롭다 하심을 받으시고 천사들에게 보이시고 만국에서 전파되시고 세상에서 믿은 바 되시고 영광 가운데서 올려지셨느니라

디모데전서 4장

1. 그러나 성령이 밝히 말씀하시기를 후일에 어떤 사람들이 믿음에서 떠나 미혹하는 영과 귀신의 가르침을 따르리라 하셨으니
2. 자기 양심이 화인을 맞아서 외식함으로 거짓말하는 자들이라
3. 혼인을 금하고 어떤 음식물은 먹지 말라고 할 터이나 음식물은 하나님이 지으신 바니 믿는 자들과 진리를 아는 자들이 감사함으로 받을 것이니라

11. 여자들도 이와 같이 정숙하고 모함하지 아니하며 절제하며 모든 일에
충성된 자라야 할지니라
12. 집사들은 한 아내의 남편이 되어 자녀와 자기 집을 잘 다스리는 자일
지니
13. 집사의 직분을 잘한 자들은 아름다운 지위와 그리스도 예수 안에 있는
믿음에 큰 담력을 얻느니라
14. 내가 속히 네게 가기를 바라나 이것을 네게 쓰는 것은
15. 만일 내가 지체하면 너로 하여금 하나님의 집에서 어떻게 행하여야 할
지를 알게 하려 함이니 이 집은 살아 계신 하나님의 교회요 진리의 기
둥과 터니라
16. 크도다 경건의 비밀이여, 그렇지 않다 하는 이 없도다 그는 육신으로
나타난 바 되시고 영으로 의롭다 하심을 받으시고 천사들에게 보이시
고 만국에서 전파되시고 세상에서 믿은 바 되시고 영광 가운데서 올려
지셨느니라

디모데전서 4장

1. 그러나 성령이 밝히 말씀하시기를 후일에 어떤 사람들이 믿음에서 떠나
미혹하는 영과 귀신의 가르침을 따르리라 하셨으니
2. 자기 양심이 화인을 맞아서 외식함으로 거짓말하는 자들이라
3. 혼인을 금하고 어떤 음식물은 먹지 말라고 할 터이나 음식물은 하나님
이 지으신 바니 믿는 자들과 진리를 아는 자들이 감사함으로 받을 것이
니라

4. 하나님께서 지으신 모든 것이 선하매 감사함으로 받으면 버릴 것이 없나니
5. 하나님의 말씀과 기도로 거룩하여짐이라
6. 네가 이것으로 형제를 깨우치면 그리스도 예수의 좋은 일꾼이 되어 믿음의 말씀과 네가 따르는 좋은 교훈으로 양육을 받으리라
7. 망령되고 허탄한 신화를 버리고 경건에 이르도록 네 자신을 연단하라
8. 육체의 연단은 약간의 유익이 있으나 경건은 범사에 유익하니 금생과 내생에 약속이 있느니라
9. 미쁘다 이 말이여 모든 사람들이 받을 만하도다
10. 이를 위하여 우리가 수고하고 힘쓰는 것은 우리 소망을 살아 계신 하나님께 둠이니 곧 모든 사람 특히 믿는 자들의 구주시라
11. 너는 이것들을 명하고 가르치라
12. 누구든지 네 연소함을 업신여기지 못하게 하고 오직 말과 행실과 사랑과 믿음과 정절에 있어서 믿는 자에게 본이 되어
13. 내가 이를 때까지 읽는 것과 권하는 것과 가르치는 것에 전념하라
14. 네 속에 있는 은사 곧 장로의 회에서 안수 받을 때에 예언을 통하여 받은 것을 가볍게 여기지 말며
15. 이 모든 일에 전심 전력하여 너의 성숙함을 모든 사람에게 나타나게 하라
16. 네가 네 자신과 가르침을 살펴 이 일을 계속하라 이것을 행함으로 네 자신과 네게 듣는 자를 구원하리라

디모데전서 5장

1. 늙은이를 꾸짖지 말고 권하되 아버지에게 하듯 하며 젊은이에게는 형제에게 하

4. 하나님께서 지으신 모든 것이 선하매 감사함으로 받으면 버릴 것이 없나니
5. 하나님의 말씀과 기도로 거룩하여짐이라
6. 네가 이것으로 형제를 깨우치면 그리스도 예수의 좋은 일꾼이 되어 믿음의 말씀과 네가 따르는 좋은 교훈으로 양육을 받으리라
7. 망령되고 허탄한 신화를 버리고 경건에 이르도록 네 자신을 연단하라
8. 육체의 연단은 약간의 유익이 있으나 경건은 범사에 유익하니 금생과 내생에 약속이 있느니라
9. 미쁘다 이 말이여 모든 사람들이 받을 만하도다
10. 이를 위하여 우리가 수고하고 힘쓰는 것은 우리 소망을 살아 계신 하나님께 둠이니 곧 모든 사람 특히 믿는 자들의 구주시라
11. 너는 이것들을 명하고 가르치라
12. 누구든지 네 연소함을 업신여기지 못하게 하고 오직 말과 행실과 사랑과 믿음과 정절에 있어서 믿는 자에게 본이 되어
13. 내가 이를 때까지 읽는 것과 권하는 것과 가르치는 것에 전념하라
14. 네 속에 있는 은사 곧 장로의 회에서 안수 받을 때에 예언을 통하여 받은 것을 가볍게 여기지 말며
15. 이 모든 일에 전심 전력하여 너의 성숙함을 모든 사람에게 나타나게 하라
16. 네가 네 자신과 가르침을 살펴 이 일을 계속하라 이것을 행함으로 네 자신과 네게 듣는 자를 구원하리라

디모데전서 5장

1. 늙은이를 꾸짖지 말고 권하되 아버지에게 하듯 하며 젊은이에게는 형제에게 하

듯 하고
2. 늙은 여자에게는 어머니에게 하듯 하며 젊은 여자에게는 온전히 깨끗함으로 자매에게 하듯 하라
3. 참 과부인 과부를 존대하라
4. 만일 어떤 과부에게 자녀나 손자들이 있거든 그들로 먼저 자기 집에서 효를 행하여 부모에게 보답하기를 배우게 하라 이것이 하나님 앞에 받으실 만한 것이니라
5. 참 과부로서 외로운 자는 하나님께 소망을 두어 주야로 항상 간구와 기도를 하거니와
6. 향락을 좋아하는 자는 살았으나 죽었느니라
7. 네가 또한 이것을 명하여 그들로 책망 받을 것이 없게 하라
8. 누구든지 자기 친족 특히 자기 가족을 돌보지 아니하면 믿음을 배반한 자요 불신자보다 더 악한 자니라
9. 과부로 명부에 올릴 자는 나이가 육십이 덜 되지 아니하고 한 남편의 아내였던 자로서
10. 선한 행실의 증거가 있어 혹은 자녀를 양육하며 혹은 나그네를 대접하며 혹은 성도들의 발을 씻으며 혹은 환난 당한 자들을 구제하며 혹은 모든 선한 일을 행한 자라야 할 것이요
11. 젊은 과부는 올리지 말지니 이는 정욕으로 그리스도를 배반할 때에 시집 가고자 함이니
12. 처음 믿음을 저버렸으므로 정죄를 받느니라
13. 또 그들은 게으름을 익혀 집집으로 돌아 다니고 게으를 뿐 아니라 쓸데

듯 하고
2. 늙은 여자에게는 어머니에게 하듯 하며 젊은 여자에게는 온전히 깨끗함
으로 자매에게 하듯 하라
3. 참 과부인 과부를 존대하라
4. 만일 어떤 과부에게 자녀나 손자들이 있거든 그들로 먼저 자기 집에서
효를 행하여 부모에게 보답하기를 배우게 하라 이것이 하나님 앞에 받
으실 만한 것이니라
5. 참 과부로서 외로운 자는 하나님께 소망을 두어 주야로 항상 간구와 기
도를 하거니와
6. 향락을 좋아하는 자는 살았으나 죽었느니라
7. 네가 또한 이것을 명하여 그들로 책망 받을 것이 없게 하라
8. 누구든지 자기 친족 특히 자기 가족을 돌보지 아니하면 믿음을 배반한
자요 불신자보다 더 악한 자니라
9. 과부로 명부에 올릴 자는 나이가 육십이 덜 되지 아니하고 한 남편의 아
내였던 자로서
10. 선한 행실의 증거가 있어 혹은 자녀를 양육하며 혹은 나그네를 대접하
며 혹은 성도들의 발을 씻으며 혹은 환난 당한 자들을 구제하며 혹은
모든 선한 일을 행한 자라야 할 것이요
11. 젊은 과부는 올리지 말지니 이는 정욕으로 그리스도를 배반할 때에 시
집 가고자 함이니
12. 처음 믿음을 저버렸으므로 정죄를 받느니라
13. 또 그들은 게으름을 익혀 집집으로 돌아 다니고 게으를 뿐 아니라 쓸데

없는 말을 하며 일을 만들며 마땅히 아니할 말을 하나니
14. 그러므로 젊은이는 시집 가서 아이를 낳고 집을 다스리고 대적에게 비방할 기회를 조금도 주지 말기를 원하노라
15. 이미 사탄에게 돌아간 자들도 있도다
16. 만일 믿는 여자에게 과부 친척이 있거든 자기가 도와 주고 교회가 짐지지 않게 하라 이는 참 과부를 도와 주게 하려 함이라
17. 잘 다스리는 장로들은 배나 존경할 자로 알되 말씀과 가르침에 수고하는 이들에게는 더욱 그리할 것이니라
18. 성경에 일렀으되 곡식을 밟아 떠는 소의 입에 망을 씌우지 말라 하였고 또 일꾼이 그 삯을 받는 것은 마땅하다 하였느니라
19. 장로에 대한 고발은 두세 증인이 없으면 받지 말 것이요
20. 범죄한 자들을 모든 사람 앞에서 꾸짖어 나머지 사람들로 두려워하게 하라
21. 하나님과 그리스도 예수와 택하심을 받은 천사들 앞에서 내가 엄히 명하노니 너는 편견이 없이 이것들을 지켜 아무 일도 불공평하게 하지 말며
22. 아무에게나 경솔히 안수하지 말고 다른 사람의 죄에 간섭하지 말며 네 자신을 지켜 정결하게 하라
23. 이제부터는 물만 마시지 말고 네 위장과 자주 나는 병을 위하여는 포도주를 조금씩 쓰라
24. 어떤 사람들의 죄는 밝히 드러나 먼저 심판에 나아가고 어떤 사람들의 죄는 그 뒤를 따르나니
25. 이와 같이 선행도 밝히 드러나고 그렇지 아니한 것도 숨길 수 없느니라

없는 말을 하며 일을 만들며 마땅히 아니할 말을 하나니
14. 그러므로 젊은이는 시집 가서 아이를 낳고 집을 다스리고 대적에게 비방할 기
회를 조금도 주지 말기를 원하노라
15. 이미 사탄에게 돌아간 자들도 있도다
16. 만일 믿는 여자에게 과부 친척이 있거든 자기가 도와 주고 교회가 짐지지 않게
하라 이는 참 과부를 도와 주게 하려 함이라
17. 잘 다스리는 장로들은 배나 존경할 자로 알되 말씀과 가르침에 수고하는 이들
에게는 더욱 그리할 것이니라
18. 성경에 일렀으되 곡식을 밟아 떠는 소의 입에 망을 씌우지 말라 하였고 또 일꾼
이 그 삯을 받는 것은 마땅하다 하였느니라
19. 장로에 대한 고발은 두세 증인이 없으면 받지 말 것이요
20. 범죄한 자들을 모든 사람 앞에서 꾸짖어 나머지 사람들로 두려워하게 하라
21. 하나님과 그리스도 예수와 택하심을 받은 천사들 앞에서 내가 엄히 명하노니
너는 편견이 없이 이것들을 지켜 아무 일도 불공평하게 하지 말며
22. 아무에게나 경솔히 안수하지 말고 다른 사람의 죄에 간섭하지 말며 네 자신을
지켜 정결하게 하라
23. 이제부터는 물만 마시지 말고 네 위장과 자주 나는 병을 위하여는 포도주를 조
금씩 쓰라
24. 어떤 사람들의 죄는 밝히 드러나 먼저 심판에 나아가고 어떤 사람들의 죄는 그
뒤를 따르나니
25. 이와 같이 선행도 밝히 드러나고 그렇지 아니한 것도 숨길 수 없느니라

디모데전서 6장

1. 무릇 멍에 아래에 있는 종들은 자기 상전들을 범사에 마땅히 공경할 자로 알지니 이는 하나님의 이름과 교훈으로 비방을 받지 않게 하려 함이라
2. 믿는 상전이 있는 자들은 그 상전을 형제라고 가볍게 여기지 말고 더 잘 섬기게 하라 이는 유익을 받는 자들이 믿는 자요 사랑을 받는 자임이라 너는 이것들을 가르치고 권하라
3. 누구든지 다른 교훈을 하며 바른 말 곧 우리 주 예수 그리스도의 말씀과 경건에 관한 교훈을 따르지 아니하면
4. 그는 교만하여 아무 것도 알지 못하고 변론과 언쟁을 좋아하는 자니 이로써 투기와 분쟁과 비방과 악한 생각이 나며
5. 마음이 부패하여지고 진리를 잃어 버려 경건을 이익의 방도로 생각하는 자들의 다툼이 일어나느니라
6. 그러나 자족하는 마음이 있으면 경건은 큰 이익이 되느니라
7. 우리가 세상에 아무 것도 가지고 온 것이 없으매 또한 아무 것도 가지고 가지 못하리니
8. 우리가 먹을 것과 입을 것이 있은즉 족한 줄로 알 것이니라
9. 부하려 하는 자들은 시험과 올무와 여러 가지 어리석고 해로운 욕심에 떨어지나니 곧 사람으로 파멸과 멸망에 빠지게 하는 것이라
10. 돈을 사랑함이 일만 악의 뿌리가 되나니 이것을 탐내는 자들은 미혹을 받아 믿음에서 떠나 많은 근심으로써 자기를 찔렀도다
11. 오직 너 하나님의 사람아 이것들을 피하고 의와 경건과 믿음과 사랑과

디모데전서 6장

1. 무릇 멍에 아래에 있는 종들은 자기 상전들을 범사에 마땅히 공경할 자로 알지니 이는 하나님의 이름과 교훈으로 비방을 받지 않게 하려 함이라
2. 믿는 상전이 있는 자들은 그 상전을 형제라고 가볍게 여기지 말고 더 잘 섬기게 하라 이는 유익을 받는 자들이 믿는 자요 사랑을 받는 자임이라 너는 이것들을 가르치고 권하라
3. 누구든지 다른 교훈을 하며 바른 말 곧 우리 주 예수 그리스도의 말씀과 경건에 관한 교훈을 따르지 아니하면
4. 그는 교만하여 아무 것도 알지 못하고 변론과 언쟁을 좋아하는 자니 이로써 투기와 분쟁과 비방과 악한 생각이 나며
5. 마음이 부패하여지고 진리를 잃어 버려 경건을 이익의 방도로 생각하는 자들의 다툼이 일어나느니라
6. 그러나 자족하는 마음이 있으면 경건은 큰 이익이 되느니라
7. 우리가 세상에 아무 것도 가지고 온 것이 없으매 또한 아무 것도 가지고 가지 못하리니
8. 우리가 먹을 것과 입을 것이 있은즉 족한 줄로 알 것이니라
9. 부하려 하는 자들은 시험과 올무와 여러 가지 어리석고 해로운 욕심에 떨어지나니 곧 사람으로 파멸과 멸망에 빠지게 하는 것이라
10. 돈을 사랑함이 일만 악의 뿌리가 되나니 이것을 탐내는 자들은 미혹을 받아 믿음에서 떠나 많은 근심으로써 자기를 찔렀도다
11. 오직 너 하나님의 사람아 이것들을 피하고 의와 경건과 믿음과 사랑과

인내와 온유를 따르며

12. 믿음의 선한 싸움을 싸우라 영생을 취하라 이를 위하여 네가 부르심을 받았고 많은 증인 앞에서 선한 증언을 하였도다

13. 만물을 살게 하신 하나님 앞과 본디오 빌라도를 향하여 선한 증언을 하신 그리스도 예수 앞에서 내가 너를 명하노니

14. 우리 주 예수 그리스도께서 나타나실 때까지 흠도 없고 책망 받을 것도 없이 이 명령을 지키라

15. 기약이 이르면 하나님이 그의 나타나심을 보이시리니 하나님은 복되시고 유일하신 주권자이시며 만왕의 왕이시며 만주의 주시요

16. 오직 그에게만 죽지 아니함이 있고 가까이 가지 못할 빛에 거하시고 어떤 사람도 보지 못하였고 또 볼 수 없는 이시니 그에게 존귀와 영원한 권능을 돌릴지어다 아멘

17. 네가 이 세대에서 부한 자들을 명하여 마음을 높이지 말고 정함이 없는 재물에 소망을 두지 말고 오직 우리에게 모든 것을 후히 주사 누리게 하시는 하나님께 두며

18. 선을 행하고 선한 사업을 많이 하고 나누어 주기를 좋아하며 너그러운 자가 되게 하라

19. 이것이 장래에 자기를 위하여 좋은 터를 쌓아 참된 생명을 취하는 것이니라

20. 디모데야 망령되고 헛된 말과 거짓된 지식의 반론을 피함으로 네게 부탁한 것을 지키라

21. 이것을 따르는 사람들이 있어 믿음에서 벗어났느니라 은혜가 너희와 함께 있을지어다

인내와 온유를 따르며

12. 믿음의 선한 싸움을 싸우라 영생을 취하라 이를 위하여 네가 부르심을 받았고 많은 증인 앞에서 선한 증언을 하였도다

13. 만물을 살게 하신 하나님 앞과 본디오 빌라도를 향하여 선한 증언을 하신 그리스도 예수 앞에서 내가 너를 명하노니

14. 우리 주 예수 그리스도께서 나타나실 때까지 흠도 없고 책망 받을 것도 없이 이 명령을 지키라

15. 기약이 이르면 하나님이 그의 나타나심을 보이시리니 하나님은 복되시고 유일하신 주권자이시며 만왕의 왕이시며 만주의 주시요

16. 오직 그에게만 죽지 아니함이 있고 가까이 가지 못할 빛에 거하시고 어떤 사람도 보지 못하였고 또 볼 수 없는 이시니 그에게 존귀와 영원한 권능을 돌릴지어다 아멘

17. 네가 이 세대에서 부한 자들을 명하여 마음을 높이지 말고 정함이 없는 재물에 소망을 두지 말고 오직 우리에게 모든 것을 후히 주사 누리게 하시는 하나님께 두며

18. 선을 행하고 선한 사업을 많이 하고 나누어 주기를 좋아하며 너그러운 자가 되게 하라

19. 이것이 장래에 자기를 위하여 좋은 터를 쌓아 참된 생명을 취하는 것이니라

20. 디모데야 망령되고 헛된 말과 거짓된 지식의 반론을 피함으로 네게 부탁한 것을 지키라

21. 이것을 따르는 사람들이 있어 믿음에서 벗어났느니라 은혜가 너희와 함께 있을지어다

디모데후서 1장

1. 하나님의 뜻으로 말미암아 그리스도 예수 안에 있는 생명의 약속대로 그리스도 예수의 사도 된 바울은
2. 사랑하는 아들 디모데에게 편지하노니 하나님 아버지와 그리스도 예수 우리 주께로부터 은혜와 긍휼과 평강이 네게 있을지어다
3. 내가 밤낮 간구하는 가운데 쉬지 않고 너를 생각하여 청결한 양심으로 조상적부터 섬겨 오는 하나님께 감사하고
4. 네 눈물을 생각하여 너 보기를 원함은 내 기쁨이 가득하게 하려 함이니
5. 이는 네 속에 거짓이 없는 믿음이 있음을 생각함이라 이 믿음은 먼저 네 외조모 로이스와 네 어머니 유니게 속에 있더니 네 속에도 있는 줄을 확신하노라
6. 그러므로 내가 나의 안수함으로 네 속에 있는 하나님의 은사를 다시 불 일듯 하게 하기 위하여 너로 생각하게 하노니
7. 하나님이 우리에게 주신 것은 두려워하는 마음이 아니요 오직 능력과 사랑과 절제하는 마음이니
8. 그러므로 너는 내가 우리 주를 증언함과 또는 주를 위하여 갇힌 자 된 나를 부끄러워하지 말고 오직 하나님의 능력을 따라 복음과 함께 고난을 받으라
9. 하나님이 우리를 구원하사 거룩하신 소명으로 부르심은 우리의 행위대로 하심이 아니요 오직 자기의 뜻과 영원 전부터 그리스도 예수 안에서 우리에게 주신 은혜대로 하심이라
10. 이제는 우리 구주 그리스도 예수의 나타나심으로 말미암아 나타났으니 그는 사망을 폐하시고 복음으로써 생명과 썩지 아니할 것을 드러내신지라

디모데후서 1장

1. 하나님의 뜻으로 말미암아 그리스도 예수 안에 있는 생명의 약속대로 그리스도 예수의 사도 된 바울은
2. 사랑하는 아들 디모데에게 편지하노니 하나님 아버지와 그리스도 예수 우리 주께로부터 은혜와 긍휼과 평강이 네게 있을지어다
3. 내가 밤낮 간구하는 가운데 쉬지 않고 너를 생각하여 청결한 양심으로 조상적부터 섬겨 오는 하나님께 감사하고
4. 네 눈물을 생각하여 너 보기를 원함은 내 기쁨이 가득하게 하려 함이니
5. 이는 네 속에 거짓이 없는 믿음이 있음을 생각함이라 이 믿음은 먼저 네 외조모 로이스와 네 어머니 유니게 속에 있더니 네 속에도 있는 줄을 확신하노라
6. 그러므로 내가 나의 안수함으로 네 속에 있는 하나님의 은사를 다시 불 일듯 하게 하기 위하여 너로 생각하게 하노니
7. 하나님이 우리에게 주신 것은 두려워하는 마음이 아니요 오직 능력과 사랑과 절제하는 마음이니
8. 그러므로 너는 내가 우리 주를 증언함과 또는 주를 위하여 갇힌 자 된 나를 부끄러워하지 말고 오직 하나님의 능력을 따라 복음과 함께 고난을 받으라
9. 하나님이 우리를 구원하사 거룩하신 소명으로 부르심은 우리의 행위대로 하심이 아니요 오직 자기의 뜻과 영원 전부터 그리스도 예수 안에서 우리에게 주신 은혜대로 하심이라
10. 이제는 우리 구주 그리스도 예수의 나타나심으로 말미암아 나타났으니 그는 사망을 폐하시고 복음으로써 생명과 썩지 아니할 것을 드러내신지라

11. 내가 이 복음을 위하여 선포자와 사도와 교사로 세우심을 입었노라
12. 이로 말미암아 내가 또 이 고난을 받되 부끄러워하지 아니함은 내가 믿는 자를 내가 알고 또한 내가 의탁한 것을 그 날까지 그가 능히 지키실 줄을 확신함이라
13. 너는 그리스도 예수 안에 있는 믿음과 사랑으로써 내게 들은 바 바른 말을 본받아 지키고
14. 우리 안에 거하시는 성령으로 말미암아 네게 부탁한 아름다운 것을 지키라
15. 아시아에 있는 모든 사람이 나를 버린 이 일을 네가 아나니 그 중에는 부겔로와 허모게네도 있느니라
16. 원하건대 주께서 오네시보로의 집에 긍휼을 베푸시옵소서 그가 나를 자주 격려해 주고 내가 사슬에 매인 것을 부끄러워하지 아니하고
17. 로마에 있을 때에 나를 부지런히 찾아와 만났음이라
18. (원하건대 주께서 그로 하여금 그 날에 주의 긍휼을 입게 하여 주옵소서) 또 그가 에베소에서 많이 봉사한 것을 네가 잘 아느니라

디모데후서 2장

1. 내 아들아 그러므로 너는 그리스도 예수 안에 있는 은혜 가운데서 강하고
2. 또 네가 많은 증인 앞에서 내게 들은 바를 충성된 사람들에게 부탁하라 그들이 또 다른 사람들을 가르칠 수 있으리라
3. 너는 그리스도 예수의 좋은 병사로 나와 함께 고난을 받으라
4. 병사로 복무하는 자는 자기 생활에 얽매이는 자가 하나도 없나니 이는 병사로 모집한 자를 기쁘게 하려 함이라
5. 경기하는 자가 법대로 경기하지 아니하면 승리자의 관을 얻지 못할 것이며

11. 내가 이 복음을 위하여 선포자와 사도와 교사로 세우심을 입었노라
12. 이로 말미암아 내가 또 이 고난을 받되 부끄러워하지 아니함은 내가 믿는 자를 내가 알고 또한 내가 의탁한 것을 그 날까지 그가 능히 지키실 줄을 확신함이라
13. 너는 그리스도 예수 안에 있는 믿음과 사랑으로써 내게 들은 바 바른 말을 본받아 지키고
14. 우리 안에 거하시는 성령으로 말미암아 네게 부탁한 아름다운 것을 지키라
15. 아시아에 있는 모든 사람이 나를 버린 이 일을 네가 아나니 그 중에는 부겔로와 허모게네도 있느니라
16. 원하건대 주께서 오네시보로의 집에 긍휼을 베푸시옵소서 그가 나를 자주 격려해 주고 내가 사슬에 매인 것을 부끄러워하지 아니하고
17. 로마에 있을 때에 나를 부지런히 찾아와 만났음이라
18. (원하건대 주께서 그로 하여금 그 날에 주의 긍휼을 입게 하여 주옵소서) 또 그가 에베소에서 많이 봉사한 것을 네가 잘 아느니라

디모데후서 2장

1. 내 아들아 그러므로 너는 그리스도 예수 안에 있는 은혜 가운데서 강하고
2. 또 네가 많은 증인 앞에서 내게 들은 바를 충성된 사람들에게 부탁하라 그들이 또 다른 사람들을 가르칠 수 있으리라
3. 너는 그리스도 예수의 좋은 병사로 나와 함께 고난을 받으라
4. 병사로 복무하는 자는 자기 생활에 얽매이는 자가 하나도 없나니 이는 병사로 모집한 자를 기쁘게 하려 함이라
5. 경기하는 자가 법대로 경기하지 아니하면 승리자의 관을 얻지 못할 것이며

6. 수고하는 농부가 곡식을 먼저 받는 것이 마땅하니라
7. 내가 말하는 것을 생각해 보라 주께서 범사에 네게 총명을 주시리라
8. 내가 전한 복음대로 다윗의 씨로 죽은 자 가운데서 다시 살아나신 예수 그리스도를 기억하라
9. 복음으로 말미암아 내가 죄인과 같이 매이는 데까지 고난을 받았으나 하나님의 말씀은 매이지 아니하니라
10. 그러므로 내가 택함 받은 자들을 위하여 모든 것을 참음은 그들도 그리스도 예수 안에 있는 구원을 영원한 영광과 함께 받게 하려 함이라
11. 미쁘다 이 말이여 우리가 주와 함께 죽었으면 또한 함께 살 것이요
12. 참으면 또한 함께 왕 노릇 할 것이요 우리가 주를 부인하면 주도 우리를 부인하실 것이라
13. 우리는 미쁨이 없을지라도 주는 항상 미쁘시니 자기를 부인하실 수 없으시리라
14. 너는 그들로 이 일을 기억하게 하여 말다툼을 하지 말라고 하나님 앞에서 엄히 명하라 이는 유익이 하나도 없고 도리어 듣는 자들을 망하게 함이라
15. 너는 진리의 말씀을 옳게 분별하며 부끄러울 것이 없는 일꾼으로 인정된 자로 자신을 하나님 앞에 드리기를 힘쓰라
16. 망령되고 헛된 말을 버리라 그들은 경건하지 아니함에 점점 나아가나니
17. 그들의 말은 악성 종양이 퍼져나감과 같은데 그 중에 후메내오와 빌레도가 있느니라
18. 진리에 관하여는 그들이 그릇되었도다 부활이 이미 지나갔다 함으로 어떤 사람들의 믿음을 무너뜨리느니라

6. 수고하는 농부가 곡식을 먼저 받는 것이 마땅하니라
7. 내가 말하는 것을 생각해 보라 주께서 범사에 네게 총명을 주시리라
8. 내가 전한 복음대로 다윗의 씨로 죽은 자 가운데서 다시 살아나신 예수 그리스도를 기억하라
9. 복음으로 말미암아 내가 죄인과 같이 매이는 데까지 고난을 받았으나 하나님의 말씀은 매이지 아니하니라
10. 그러므로 내가 택함 받은 자들을 위하여 모든 것을 참음은 그들도 그리스도 예수 안에 있는 구원을 영원한 영광과 함께 받게 하려 함이라
11. 미쁘다 이 말이여 우리가 주와 함께 죽었으면 또한 함께 살 것이요
12. 참으면 또한 함께 왕 노릇 할 것이요 우리가 주를 부인하면 주도 우리를 부인하실 것이라
13. 우리는 미쁨이 없을지라도 주는 항상 미쁘시니 자기를 부인하실 수 없으시리라
14. 너는 그들로 이 일을 기억하게 하여 말다툼을 하지 말라고 하나님 앞에서 엄히 명하라 이는 유익이 하나도 없고 도리어 듣는 자들을 망하게 함이라
15. 너는 진리의 말씀을 옳게 분별하며 부끄러울 것이 없는 일꾼으로 인정된 자로 자신을 하나님 앞에 드리기를 힘쓰라
16. 망령되고 헛된 말을 버리라 그들은 경건하지 아니함에 점점 나아가나니
17. 그들의 말은 악성 종양이 퍼져나감과 같은데 그 중에 후메내오와 빌레도가 있느니라
18. 진리에 관하여는 그들이 그릇되었도다 부활이 이미 지나갔다 함으로 어떤 사람들의 믿음을 무너뜨리느니라

19. 그러나 하나님의 견고한 터는 섰으니 인침이 있어 일렀으되 주께서 자기 백성을
아신다 하며 또 주의 이름을 부르는 자마다 불의에서 떠날지어다 하였느니라
20. 큰 집에는 금 그릇과 은 그릇뿐 아니라 나무 그릇과 질그릇도 있어 귀하게 쓰는
것도 있고 천하게 쓰는 것도 있나니
21. 그러므로 누구든지 이런 것에서 자기를 깨끗하게 하면 귀히 쓰는 그릇이 되어
거룩하고 주인의 쓰심에 합당하며 모든 선한 일에 준비함이 되리라
22. 또한 너는 청년의 정욕을 피하고 주를 깨끗한 마음으로 부르는 자들과 함께 의
와 믿음과 사랑과 화평을 따르라
23. 어리석고 무식한 변론을 버리라 이에서 다툼이 나는 줄 앎이라
24. 주의 종은 마땅히 다투지 아니하고 모든 사람에 대하여 온유하며 가르치기를
잘하며 참으며
25. 거역하는 자를 온유함으로 훈계할지니 혹 하나님이 그들에게 회개함을 주사 진
리를 알게 하실까 하며
26. 그들로 깨어 마귀의 올무에서 벗어나 하나님께 사로잡힌 바 되어 그 뜻을 따르
게 하실까 함이라

디모데후서 3장

1. 너는 이것을 알라 말세에 고통하는 때가 이르러
2. 사람들이 자기를 사랑하며 돈을 사랑하며 자랑하며 교만하며 비방하며 부모를
거역하며 감사하지 아니하며 거룩하지 아니하며
3. 무정하며 원통함을 풀지 아니하며 모함하며 절제하지 못하며 사나우며 선한 것
을 좋아하지 아니하며

19. 그러나 하나님의 견고한 터는 섰으니 인침이 있어 일렀으되 주께서 자기 백성을
아신다 하며 또 주의 이름을 부르는 자마다 불의에서 떠날지어다 하였느니라
20. 큰 집에는 금 그릇과 은 그릇뿐 아니라 나무 그릇과 질그릇도 있어 귀하게 쓰는
것도 있고 천하게 쓰는 것도 있나니
21. 그러므로 누구든지 이런 것에서 자기를 깨끗하게 하면 귀히 쓰는 그릇이 되어
거룩하고 주인의 쓰심에 합당하며 모든 선한 일에 준비함이 되리라
22. 또한 너는 청년의 정욕을 피하고 주를 깨끗한 마음으로 부르는 자들과 함께 의
와 믿음과 사랑과 화평을 따르라
23. 어리석고 무식한 변론을 버리라 이에서 다툼이 나는 줄 앎이라
24. 주의 종은 마땅히 다투지 아니하고 모든 사람에 대하여 온유하며 가르치기를
잘하며 참으며
25. 거역하는 자를 온유함으로 훈계할지니 혹 하나님이 그들에게 회개함을 주사 진
리를 알게 하실까 하며
26. 그들로 깨어 마귀의 올무에서 벗어나 하나님께 사로잡힌 바 되어 그 뜻을 따르
게 하실까 함이라

디모데후서 3장

1. 너는 이것을 알라 말세에 고통하는 때가 이르러
2. 사람들이 자기를 사랑하며 돈을 사랑하며 자랑하며 교만하며 비방하며 부모를
거역하며 감사하지 아니하며 거룩하지 아니하며
3. 무정하며 원통함을 풀지 아니하며 모함하며 절제하지 못하며 사나우며 선한 것
을 좋아하지 아니하며

4. 배신하며 조급하며 자만하며 쾌락을 사랑하기를 하나님 사랑하는 것보다 더하며
5. 경건의 모양은 있으나 경건의 능력은 부인하니 이같은 자들에게서 네가 돌아서라
6. 그들 중에 남의 집에 가만히 들어가 어리석은 여자를 유인하는 자들이 있으니 그 여자는 죄를 중히 지고 여러 가지 욕심에 끌린 바 되어
7. 항상 배우나 끝내 진리의 지식에 이를 수 없느니라
8. 얀네와 얌브레가 모세를 대적한 것 같이 그들도 진리를 대적하니 이 사람들은 그 마음이 부패한 자요 믿음에 관하여는 버림 받은 자들이라
9. 그러나 그들이 더 나아가지 못할 것은 저 두 사람이 된 것과 같이 그들의 어리석음이 드러날 것임이라
10. 나의 교훈과 행실과 의향과 믿음과 오래 참음과 사랑과 인내와
11. 박해를 받음과 고난과 또한 안디옥과 이고니온과 루스드라에서 당한 일과 어떠한 박해를 받은 것을 네가 과연 보고 알았거니와 주께서 이 모든 것 가운데서 나를 건지셨느니라
12. 무릇 그리스도 예수 안에서 경건하게 살고자 하는 자는 박해를 받으리라
13. 악한 사람들과 속이는 자들은 더욱 악하여져서 속이기도 하고 속기도 하나니
14. 그러나 너는 배우고 확신한 일에 거하라 너는 네가 누구에게서 배운 것을 알며
15. 또 어려서부터 성경을 알았나니 성경은 능히 너로 하여금 그리스도 예수 안에 있는 믿음으로 말미암아 구원에 이르는 지혜가 있게 하느니라

4. 배신하며 조급하며 자만하며 쾌락을 사랑하기를 하나님 사랑하는 것보다 더하며
5. 경건의 모양은 있으나 경건의 능력은 부인하니 이같은 자들에게서 네가 돌아서라
6. 그들 중에 남의 집에 가만히 들어가 어리석은 여자를 유인하는 자들이 있으니 그 여자는 죄를 중히 지고 여러 가지 욕심에 끌린 바 되어
7. 항상 배우나 끝내 진리의 지식에 이를 수 없느니라
8. 얀네와 얌브레가 모세를 대적한 것 같이 그들도 진리를 대적하니 이 사람들은 그 마음이 부패한 자요 믿음에 관하여는 버림 받은 자들이라
9. 그러나 그들이 더 나아가지 못할 것은 저 두 사람이 된 것과 같이 그들의 어리석음이 드러날 것임이라
10. 나의 교훈과 행실과 의향과 믿음과 오래 참음과 사랑과 인내와
11. 박해를 받음과 고난과 또한 안디옥과 이고니온과 루스드라에서 당한 일과 어떠한 박해를 받은 것을 네가 과연 보고 알았거니와 주께서 이 모든 것 가운데서 나를 건지셨느니라
12. 무릇 그리스도 예수 안에서 경건하게 살고자 하는 자는 박해를 받으리라
13. 악한 사람들과 속이는 자들은 더욱 악하여져서 속이기도 하고 속기도 하나니
14. 그러나 너는 배우고 확신한 일에 거하라 너는 네가 누구에게서 배운 것을 알며
15. 또 어려서부터 성경을 알았나니 성경은 능히 너로 하여금 그리스도 예수 안에 있는 믿음으로 말미암아 구원에 이르는 지혜가 있게 하느니라

16. 모든 성경은 하나님의 감동으로 된 것으로 교훈과 책망과 바르게 함과 의로 교육하기에 유익하니
17. 이는 하나님의 사람으로 온전하게 하며 모든 선한 일을 행할 능력을 갖추게 하려 함이라

디모데후서 4장

1. 하나님 앞과 살아 있는 자와 죽은 자를 심판하실 그리스도 예수 앞에서 그가 나타나실 것과 그의 나라를 두고 엄히 명하노니
2. 너는 말씀을 전파하라 때를 얻든지 못 얻든지 항상 힘쓰라 범사에 오래 참음과 가르침으로 경책하며 경계하며 권하라
3. 때가 이르리니 사람이 바른 교훈을 받지 아니하며 귀가 가려워서 자기의 사욕을 따를 스승을 많이 두고
4. 또 그 귀를 진리에서 돌이켜 허탄한 이야기를 따르리라
5. 그러나 너는 모든 일에 신중하여 고난을 받으며 전도자의 일을 하며 네 직무를 다하라
6. 전제와 같이 내가 벌써 부어지고 나의 떠날 시각이 가까웠도다
7. 나는 선한 싸움을 싸우고 나의 달려갈 길을 마치고 믿음을 지켰으니
8. 이제 후로는 나를 위하여 의의 면류관이 예비되었으므로 주 곧 의로우신 재판장이 그 날에 내게 주실 것이며 내게만 아니라 주의 나타나심을 사모하는 모든 자에게도니라
9. 너는 어서 속히 내게로 오라
10. 데마는 이 세상을 사랑하여 나를 버리고 데살로니가로 갔고 그레스게는 갈라디

16. 모든 성경은 하나님의 감동으로 된 것으로 교훈과 책망과 바르게 함과 의로 교육하기에 유익하니
17. 이는 하나님의 사람으로 온전하게 하며 모든 선한 일을 행할 능력을 갖추게 하려 함이라

디모데후서 4장

1. 하나님 앞과 살아 있는 자와 죽은 자를 심판하실 그리스도 예수 앞에서 그가 나타나실 것과 그의 나라를 두고 엄히 명하노니
2. 너는 말씀을 전파하라 때를 얻든지 못 얻든지 항상 힘쓰라 범사에 오래 참음과 가르침으로 경책하며 경계하며 권하라
3. 때가 이르리니 사람이 바른 교훈을 받지 아니하며 귀가 가려워서 자기의 사욕을 따를 스승을 많이 두고
4. 또 그 귀를 진리에서 돌이켜 허탄한 이야기를 따르리라
5. 그러나 너는 모든 일에 신중하여 고난을 받으며 전도자의 일을 하며 네 직무를 다하라
6. 전제와 같이 내가 벌써 부어지고 나의 떠날 시각이 가까웠도다
7. 나는 선한 싸움을 싸우고 나의 달려갈 길을 마치고 믿음을 지켰으니
8. 이제 후로는 나를 위하여 의의 면류관이 예비되었으므로 주 곧 의로우신 재판장이 그 날에 내게 주실 것이며 내게만 아니라 주의 나타나심을 사모하는 모든 자에게도니라
9. 너는 어서 속히 내게로 오라
10. 데마는 이 세상을 사랑하여 나를 버리고 데살로니가로 갔고 그레스게는 갈라디

아로, 디도는 달마디아로 갔고
11. 누가만 나와 함께 있느니라 네가 올 때에 마가를 데리고 오라 그가 나의 일에 유익하니라
12. 두기고는 에베소로 보내었노라
13. 네가 올 때에 내가 드로아 가보의 집에 둔 겉옷을 가지고 오고 또 책은 특별히 가죽 종이에 쓴 것을 가져오라
14. 구리 세공업자 알렉산더가 내게 해를 많이 입혔으매 주께서 그 행한 대로 그에게 갚으시리니
15. 너도 그를 주의하라 그가 우리 말을 심히 대적하였느니라
16. 내가 처음 변명할 때에 나와 함께 한 자가 하나도 없고 다 나를 버렸으나 그들에게 허물을 돌리지 않기를 원하노라
17. 주께서 내 곁에 서서 나에게 힘을 주심은 나로 말미암아 선포된 말씀이 온전히 전파되어 모든 이방인이 듣게 하려 하심이니 내가 사자의 입에서 건짐을 받았느니라
18. 주께서 나를 모든 악한 일에서 건져내시고 또 그의 천국에 들어가도록 구원하시리니 그에게 영광이 세세무궁토록 있을지어다 아멘
19. 브리스가와 아굴라와 및 오네시보로의 집에 문안하라
20. 에라스도는 고린도에 머물러 있고 드로비모는 병들어서 밀레도에 두었노니
21. 너는 겨울 전에 어서 오라 으불로와 부데와 리노와 글라우디아와 모든 형제가 다 네게 문안하느니라
22. 나는 주께서 네 심령에 함께 계시기를 바라노니 은혜가 너희와 함께 있을지어다

아로, 디도는 달마디아로 갔고
11. 누가만 나와 함께 있느니라 네가 올 때에 마가를 데리고 오라 그가 나의 일에 유익하니라
12. 두기고는 에베소로 보내었노라
13. 네가 올 때에 내가 드로아 가보의 집에 둔 겉옷을 가지고 오고 또 책은 특별히 가죽 종이에 쓴 것을 가져오라
14. 구리 세공업자 알렉산더가 내게 해를 많이 입혔으매 주께서 그 행한 대로 그에게 갚으시리니
15. 너도 그를 주의하라 그가 우리 말을 심히 대적하였느니라
16. 내가 처음 변명할 때에 나와 함께 한 자가 하나도 없고 다 나를 버렸으나 그들에게 허물을 돌리지 않기를 원하노라
17. 주께서 내 곁에 서서 나에게 힘을 주심은 나로 말미암아 선포된 말씀이 온전히 전파되어 모든 이방인이 듣게 하려 하심이니 내가 사자의 입에서 건짐을 받았느니라
18. 주께서 나를 모든 악한 일에서 건져내시고 또 그의 천국에 들어가도록 구원하시리니 그에게 영광이 세세무궁토록 있을지어다 아멘
19. 브리스가와 아굴라와 및 오네시보로의 집에 문안하라
20. 에라스도는 고린도에 머물러 있고 드로비모는 병들어서 밀레도에 두었노니
21. 너는 겨울 전에 어서 오라 으불로와 부데와 리노와 글라우디아와 모든 형제가 다 네게 문안하느니라
22. 나는 주께서 네 심령에 함께 계시기를 바라노니 은혜가 너희와 함께 있을지어다

디도서 1장

1. 하나님의 종이요 예수 그리스도의 사도인 나 바울이 사도 된 것은 하나님이 택하신 자들의 믿음과 경건함에 속한 진리의 지식과
2. 영생의 소망을 위함이라 이 영생은 거짓이 없으신 하나님이 영원 전부터 약속하신 것인데
3. 자기 때에 자기의 말씀을 전도로 나타내셨으니 이 전도는 우리 구주 하나님이 명하신 대로 내게 맡기신 것이라
4. 같은 믿음을 따라 나의 참 아들 된 디도에게 편지하노니 하나님 아버지와 그리스도 예수 우리 구주로부터 은혜와 평강이 네게 있을지어다
5. 내가 너를 그레데에 남겨 둔 이유는 남은 일을 정리하고 내가 명한 대로 각 성에 장로들을 세우게 하려 함이니
6. 책망할 것이 없고 한 아내의 남편이며 방탕하다는 비난을 받거나 불순종하는 일이 없는 믿는 자녀를 둔 자라야 할지라
7. 감독은 하나님의 청지기로서 책망할 것이 없고 제 고집대로 하지 아니하며 급히 분내지 아니하며 술을 즐기지 아니하며 구타하지 아니하며 더러운 이득을 탐하지 아니하며
8. 오직 나그네를 대접하며 선행을 좋아하며 신중하며 의로우며 거룩하며 절제하며
9. 미쁜 말씀의 가르침을 그대로 지켜야 하리니 이는 능히 바른 교훈으로 권면하고 거슬러 말하는 자들을 책망하게 하려 함이라
10. 불순종하고 헛된 말을 하며 속이는 자가 많은 중 할례파 가운데 특히 그러하니
11. 그들의 입을 막을 것이라 이런 자들이 더러운 이득을 취하려고 마땅하지 아니한 것을 가르쳐 가정들을 온통 무너뜨리는도다

디도서 1장

1. 하나님의 종이요 예수 그리스도의 사도인 나 바울이 사도 된 것은 하나님이 택하신 자들의 믿음과 경건함에 속한 진리의 지식과
2. 영생의 소망을 위함이라 이 영생은 거짓이 없으신 하나님이 영원 전부터 약속하신 것인데
3. 자기 때에 자기의 말씀을 전도로 나타내셨으니 이 전도는 우리 구주 하나님이 명하신 대로 내게 맡기신 것이라
4. 같은 믿음을 따라 나의 참 아들 된 디도에게 편지하노니 하나님 아버지와 그리스도 예수 우리 구주로부터 은혜와 평강이 네게 있을지어다
5. 내가 너를 그레데에 남겨 둔 이유는 남은 일을 정리하고 내가 명한 대로 각 성에 장로들을 세우게 하려 함이니
6. 책망할 것이 없고 한 아내의 남편이며 방탕하다는 비난을 받거나 불순종하는 일이 없는 믿는 자녀를 둔 자라야 할지라
7. 감독은 하나님의 청지기로서 책망할 것이 없고 제 고집대로 하지 아니하며 급히 분내지 아니하며 술을 즐기지 아니하며 구타하지 아니하며 더러운 이득을 탐하지 아니하며
8. 오직 나그네를 대접하며 선행을 좋아하며 신중하며 의로우며 거룩하며 절제하며
9. 미쁜 말씀의 가르침을 그대로 지켜야 하리니 이는 능히 바른 교훈으로 권면하고 거슬러 말하는 자들을 책망하게 하려 함이라
10. 불순종하고 헛된 말을 하며 속이는 자가 많은 중 할례파 가운데 특히 그러하니
11. 그들의 입을 막을 것이라 이런 자들이 더러운 이득을 취하려고 마땅하지 아니한 것을 가르쳐 가정들을 온통 무너뜨리는도다

12. 그레데인 중의 어떤 선지자가 말하되 그레데인들은 항상 거짓말쟁이며 악한 짐승이며 배만 위하는 게으름뱅이라 하니
13. 이 증언이 참되도다 그러므로 네가 그들을 엄히 꾸짖으라 이는 그들로 하여금 믿음을 온전하게 하고
14. 유대인의 허탄한 이야기와 진리를 배반하는 사람들의 명령을 따르지 않게 하려 함이라
15. 깨끗한 자들에게는 모든 것이 깨끗하나 더럽고 믿지 아니하는 자들에게는 아무 것도 깨끗한 것이 없고 오직 그들의 마음과 양심이 더러운지라
16. 그들이 하나님을 시인하나 행위로는 부인하니 가증한 자요 복종하지 아니하는 자요 모든 선한 일을 버리는 자니라

디도서 2장

1. 오직 너는 바른 교훈에 합당한 것을 말하여
2. 늙은 남자로는 절제하며 경건하며 신중하며 믿음과 사랑과 인내함에 온전하게 하고
3. 늙은 여자로는 이와 같이 행실이 거룩하며 모함하지 말며 많은 술의 종이 되지 아니하며 선한 것을 가르치는 자들이 되고
4. 그들로 젊은 여자들을 교훈하되 그 남편과 자녀를 사랑하며
5. 신중하며 순전하며 집안 일을 하며 선하며 자기 남편에게 복종하게 하라 이는 하나님의 말씀이 비방을 받지 않게 하려 함이라
6. 너는 이와 같이 젊은 남자들을 신중하도록 권면하되
7. 범사에 네 자신이 선한 일의 본을 보이며 교훈에 부패하지 아니함과 단

12. 그레데인 중의 어떤 선지자가 말하되 그레데인들은 항상 거짓말쟁이며
악한 짐승이며 배만 위하는 게으름뱅이라 하니
13. 이 증언이 참되도다 그러므로 네가 그들을 엄히 꾸짖으라 이는 그들로
하여금 믿음을 온전하게 하고
14. 유대인의 허탄한 이야기와 진리를 배반하는 사람들의 명령을 따르지 않
게 하려 함이라
15. 깨끗한 자들에게는 모든 것이 깨끗하나 더럽고 믿지 아니하는 자들에게
는 아무 것도 깨끗한 것이 없고 오직 그들의 마음과 양심이 더러운지라
16. 그들이 하나님을 시인하나 행위로는 부인하니 가증한 자요 복종하지 아
니하는 자요 모든 선한 일을 버리는 자니라

디도서 2장

1. 오직 너는 바른 교훈에 합당한 것을 말하여
2. 늙은 남자로는 절제하며 경건하며 신중하며 믿음과 사랑과 인내함에 온
전하게 하고
3. 늙은 여자로는 이와 같이 행실이 거룩하며 모함하지 말며 많은 술의 종
이 되지 아니하며 선한 것을 가르치는 자들이 되고
4. 그들로 젊은 여자들을 교훈하되 그 남편과 자녀를 사랑하며
5. 신중하며 순전하며 집안 일을 하며 선하며 자기 남편에게 복종하게 하
라 이는 하나님의 말씀이 비방을 받지 않게 하려 함이라
6. 너는 이와 같이 젊은 남자들을 신중하도록 권면하되
7. 범사에 네 자신이 선한 일의 본을 보이며 교훈에 부패하지 아니함과 단

정함과
8. 책망할 것이 없는 바른 말을 하게 하라 이는 대적하는 자로 하여금 부끄러워 우리를 악하다 할 것이 없게 하려 함이라
9. 종들은 자기 상전들에게 범사에 순종하여 기쁘게 하고 거슬러 말하지 말며
10. 훔치지 말고 오히려 모든 참된 신실성을 나타내게 하라 이는 범사에 우리 구주 하나님의 교훈을 빛나게 하려 함이라
11. 모든 사람에게 구원을 주시는 하나님의 은혜가 나타나
12. 우리를 양육하시되 경건하지 않은 것과 이 세상 정욕을 다 버리고 신중함과 의로움과 경건함으로 이 세상에 살고
13. 복스러운 소망과 우리의 크신 하나님 구주 예수 그리스도의 영광이 나타나심을 기다리게 하셨으니
14. 그가 우리를 대신하여 자신을 주심은 모든 불법에서 우리를 속량하시고 우리를 깨끗하게 하사 선한 일을 열심히 하는 자기 백성이 되게 하려 하심이라
15. 너는 이것을 말하고 권면하며 모든 권위로 책망하여 누구에게서든지 업신여김을 받지 말라

디도서 3장

1. 너는 그들로 하여금 통치자들과 권세 잡은 자들에게 복종하며 순종하며 모든 선한 일 행하기를 준비하게 하며
2. 아무도 비방하지 말며 다투지 말며 관용하며 범사에 온유함을 모든 사람에게 나타낼 것을 기억하게 하라
3. 우리도 전에는 어리석은 자요 순종하지 아니한 자요 속은 자요 여러 가지 정욕

정함과
8. 책망할 것이 없는 바른 말을 하게 하라 이는 대적하는 자로 하여금 부끄러워 우리를 악하다 할 것이 없게 하려 함이라
9. 종들은 자기 상전들에게 범사에 순종하여 기쁘게 하고 거슬러 말하지 말며
10. 훔치지 말고 오히려 모든 참된 신실성을 나타내게 하라 이는 범사에 우리 구주 하나님의 교훈을 빛나게 하려 함이라
11. 모든 사람에게 구원을 주시는 하나님의 은혜가 나타나
12. 우리를 양육하시되 경건하지 않은 것과 이 세상 정욕을 다 버리고 신중함과 의로움과 경건함으로 이 세상에 살고
13. 복스러운 소망과 우리의 크신 하나님 구주 예수 그리스도의 영광이 나타나심을 기다리게 하셨으니
14. 그가 우리를 대신하여 자신을 주심은 모든 불법에서 우리를 속량하시고 우리를 깨끗하게 하사 선한 일을 열심히 하는 자기 백성이 되게 하려 하심이라
15. 너는 이것을 말하고 권면하며 모든 권위로 책망하여 누구에게서든지 업신여김을 받지 말라

디도서 3장

1. 너는 그들로 하여금 통치자들과 권세 잡은 자들에게 복종하며 순종하며 모든 선한 일 행하기를 준비하게 하며
2. 아무도 비방하지 말며 다투지 말며 관용하며 범사에 온유함을 모든 사람에게 나타낼 것을 기억하게 하라
3. 우리도 전에는 어리석은 자요 순종하지 아니한 자요 속은 자요 여러 가지 정욕

과 행락에 종 노릇 한 자요 악독과 투기를 일삼은 자요 가증스러운 자요 피차 미워한 자였으나
4. 우리 구주 하나님의 자비와 사람 사랑하심이 나타날 때에
5. 우리를 구원하시되 우리가 행한 바 의로운 행위로 말미암지 아니하고 오직 그의 긍휼하심을 따라 중생의 씻음과 성령의 새롭게 하심으로 하셨나니
6. 우리 구주 예수 그리스도로 말미암아 우리에게 그 성령을 풍성히 부어 주사
7. 우리로 그의 은혜를 힘입어 의롭다 하심을 얻어 영생의 소망을 따라 상속자가 되게 하려 하심이라
8. 이 말이 미쁘도다 원하건대 너는 이 여러 것에 대하여 굳세게 말하라 이는 하나님을 믿는 자들로 하여금 조심하여 선한 일을 힘쓰게 하려 함이라 이것은 아름다우며 사람들에게 유익하니라
9. 그러나 어리석은 변론과 족보 이야기와 분쟁과 율법에 대한 다툼은 피하라 이것은 무익한 것이요 헛된 것이니라
10. 이단에 속한 사람을 한두 번 훈계한 후에 멀리하라
11. 이러한 사람은 네가 아는 바와 같이 부패하여 스스로 정죄한 자로서 죄를 짓느니라
12. 내가 아데마나 두기고를 네게 보내리니 그 때에 네가 급히 니고볼리로 내게 오라 내가 거기서 겨울을 지내기로 작정하였노라
13. 율법교사 세나와 및 아볼로를 급히 먼저 보내어 그들로 부족함이 없게 하고

과 행락에 종 노릇 한 자요 악독과 투기를 일삼은 자요 가증스러운 자
요 피차 미워한 자였으나
4. 우리 구주 하나님의 자비와 사람 사랑하심이 나타날 때에
5. 우리를 구원하시되 우리가 행한 바 의로운 행위로 말미암지 아니하고
오직 그의 긍휼하심을 따라 중생의 씻음과 성령의 새롭게 하심으로 하
셨나니
6. 우리 구주 예수 그리스도로 말미암아 우리에게 그 성령을 풍성히 부어
주사
7. 우리로 그의 은혜를 힘입어 의롭다 하심을 얻어 영생의 소망을 따라 상
속자가 되게 하려 하심이라
8. 이 말이 미쁘도다 원하건대 너는 이 여러 것에 대하여 굳세게 말하라 이
는 하나님을 믿는 자들로 하여금 조심하여 선한 일을 힘쓰게 하려 함이
라 이것은 아름다우며 사람들에게 유익하니라
9. 그러나 어리석은 변론과 족보 이야기와 분쟁과 율법에 대한 다툼은 피
하라 이것은 무익한 것이요 헛된 것이니라
10. 이단에 속한 사람을 한두 번 훈계한 후에 멀리하라
11. 이러한 사람은 네가 아는 바와 같이 부패하여 스스로 정죄한 자로서 죄
를 짓느니라
12. 내가 아데마나 두기고를 네게 보내리니 그 때에 네가 급히 니고볼리로
내게 오라 내가 거기서 겨울을 지내기로 작정하였노라
13. 율법교사 세나와 및 아볼로를 급히 먼저 보내어 그들로 부족함이 없게
하고

14. 또 우리 사람들도 열매 없는 자가 되지 않게 하기 위하여 필요한 것을 준비하는 좋은 일에 힘 쓰기를 배우게 하라
15. 나와 함께 있는 자가 다 네게 문안하니 믿음 안에서 우리를 사랑하는 자들에게 너도 문안하라 은혜가 너희 무리에게 있을지어다

14. 또 우리 사람들도 열매 없는 자가 되지 않게 하기 위하여 필요한 것을 준비하는
좋은 일에 힘 쓰기를 배우게 하라
15. 나와 함께 있는 자가 다 네게 문안하니 믿음 안에서 우리를 사랑하는 자들에게
너도 문안하라 은혜가 너희 무리에게 있을지어다

빌레몬서 1장
1. 그리스도 예수를 위하여 갇힌 자 된 바울과 및 형제 디모데는 우리의 사랑을 받는 자요 동역자인 빌레몬과
2. 자매 압비아와 우리와 함께 병사 된 아킵보와 네 집에 있는 교회에 편지하노니
3. 하나님 우리 아버지와 주 예수 그리스도로부터 은혜와 평강이 너희에게 있을지어다
4. 내가 항상 내 하나님께 감사하고 기도할 때에 너를 말함은
5. 주 예수와 및 모든 성도에 대한 네 사랑과 믿음이 있음을 들음이니
6. 이로써 네 믿음의 교제가 우리 가운데 있는 선을 알게 하고 그리스도께 이르도록 역사하느니라
7. 형제여 성도들의 마음이 너로 말미암아 평안함을 얻었으니 내가 너의 사랑으로 많은 기쁨과 위로를 받았노라
8. 이러므로 내가 그리스도 안에서 아주 담대하게 네게 마땅한 일로 명할 수도 있으나
9. 도리어 사랑으로써 간구하노라 나이가 많은 나 바울은 지금 또 예수 그리스도를 위하여 갇힌 자 되어
10. 갇힌 중에서 낳은 아들 오네시모를 위하여 네게 간구하노라
11. 그가 전에는 네게 무익하였으나 이제는 나와 네게 유익하므로
12. 네게 그를 돌려 보내노니 그는 내 심복이라
13. 그를 내게 머물러 있게 하여 내 복음을 위하여 갇힌 중에서 네 대신 나를 섬기게 하고자 하나

빌레몬서 1장

1. 그리스도 예수를 위하여 갇힌 자 된 바울과 및 형제 디모데는 우리의 사랑을 받는 자요 동역자인 빌레몬과
2. 자매 압비아와 우리와 함께 병사 된 아킵보와 네 집에 있는 교회에 편지하노니
3. 하나님 우리 아버지와 주 예수 그리스도로부터 은혜와 평강이 너희에게 있을지어다
4. 내가 항상 내 하나님께 감사하고 기도할 때에 너를 말함은
5. 주 예수와 및 모든 성도에 대한 네 사랑과 믿음이 있음을 들음이니
6. 이로써 네 믿음의 교제가 우리 가운데 있는 선을 알게 하고 그리스도께 이르도록 역사하느니라
7. 형제여 성도들의 마음이 너로 말미암아 평안함을 얻었으니 내가 너의 사랑으로 많은 기쁨과 위로를 받았노라
8. 이러므로 내가 그리스도 안에서 아주 담대하게 네게 마땅한 일로 명할 수도 있으나
9. 도리어 사랑으로써 간구하노라 나이가 많은 나 바울은 지금 또 예수 그리스도를 위하여 갇힌 자 되어
10. 갇힌 중에서 낳은 아들 오네시모를 위하여 네게 간구하노라
11. 그가 전에는 네게 무익하였으나 이제는 나와 네게 유익하므로
12. 네게 그를 돌려 보내노니 그는 내 심복이라
13. 그를 내게 머물러 있게 하여 내 복음을 위하여 갇힌 중에서 네 대신 나를 섬기게 하고자 하나

14. 다만 네 승낙이 없이는 내가 아무 것도 하기를 원하지 아니하노니 이는 너의 선한 일이 억지 같이 되지 아니하고 자의로 되게 하려 함이라
15. 아마 그가 잠시 떠나게 된 것은 너로 하여금 그를 영원히 두게 함이리니
16. 이 후로는 종과 같이 대하지 아니하고 종 이상으로 곧 사랑 받는 형제로 둘 자라 내게 특별히 그러하거든 하물며 육신과 주 안에서 상관된 네게랴
17. 그러므로 네가 나를 동역자로 알진대 그를 영접하기를 내게 하듯 하고
18. 그가 만일 네게 불의를 하였거나 네게 빚진 것이 있으면 그것을 내 앞으로 계산하라
19. 나 바울이 친필로 쓰노니 내가 갚으려니와 네가 이 외에 네 자신이 내게 빚진 것은 내가 말하지 아니하노라
20. 오 형제여 나로 주 안에서 너로 말미암아 기쁨을 얻게 하고 내 마음이 그리스도 안에서 평안하게 하라
21. 나는 네가 순종할 것을 확신하므로 네게 썼노니 네가 내가 말한 것보다 더 행할 줄을 아노라
22. 오직 너는 나를 위하여 숙소를 마련하라 너희 기도로 내가 너희에게 나아갈 수 있기를 바라노라
23. 그리스도 예수 안에서 나와 함께 갇힌 자 에바브라와
24. 또한 나의 동역자 마가, 아리스다고, 데마, 누가가 문안하느니라
25. 우리 주 예수 그리스도의 은혜가 너희 심령과 함께 있을지어다

14. 다만 네 승낙이 없이는 내가 아무 것도 하기를 원하지 아니하노니 이는 너의 선한 일이 억지 같이 되지 아니하고 자의로 되게 하려 함이라
15. 아마 그가 잠시 떠나게 된 것은 너로 하여금 그를 영원히 두게 함이리니
16. 이 후로는 종과 같이 대하지 아니하고 종 이상으로 곧 사랑 받는 형제로 둘 자라 내게 특별히 그러하거든 하물며 육신과 주 안에서 상관된 네게랴
17. 그러므로 네가 나를 동역자로 알진대 그를 영접하기를 내게 하듯 하고
18. 그가 만일 네게 불의를 하였거나 네게 빚진 것이 있으면 그것을 내 앞으로 계산하라
19. 나 바울이 친필로 쓰노니 내가 갚으려니와 네가 이 외에 네 자신이 내게 빚진 것은 내가 말하지 아니하노라
20. 오 형제여 나로 주 안에서 너로 말미암아 기쁨을 얻게 하고 내 마음이 그리스도 안에서 평안하게 하라
21. 나는 네가 순종할 것을 확신하므로 네게 썼노니 네가 내가 말한 것보다 더 행할 줄을 아노라
22. 오직 너는 나를 위하여 숙소를 마련하라 너희 기도로 내가 너희에게 나아갈 수 있기를 바라노라
23. 그리스도 예수 안에서 나와 함께 갇힌 자 에바브라와
24. 또한 나의 동역자 마가, 아리스다고, 데마, 누가가 문안하느니라
25. 우리 주 예수 그리스도의 은혜가 너희 심령과 함께 있을지어다

히브리서 1장

1. 옛적에 선지자들을 통하여 여러 부분과 여러 모양으로 우리 조상들에게 말씀하신 하나님이
2. 이 모든 날 마지막에는 아들을 통하여 우리에게 말씀하셨으니 이 아들을 만유의 상속자로 세우시고 또 그로 말미암아 모든 세계를 지으셨느니라
3. 이는 하나님의 영광의 광채시요 그 본체의 형상이시라 그의 능력의 말씀으로 만물을 붙드시며 죄를 정결하게 하는 일을 하시고 높은 곳에 계신 지극히 크신 이의 우편에 앉으셨느니라
4. 그가 천사보다 훨씬 뛰어남은 그들보다 더욱 아름다운 이름을 기업으로 얻으심이니
5. 하나님께서 어느 때에 천사 중 누구에게 너는 내 아들이라 오늘 내가 너를 낳았다 하셨으며 또 다시 나는 그에게 아버지가 되고 그는 내게 아들이 되리라 하셨느냐
6. 또 그가 맏아들을 이끌어 세상에 다시 들어오게 하실 때에 하나님의 모든 천사들은 그에게 경배할지어다 말씀하시며
7. 또 천사들에 관하여는 그는 그의 천사들을 바람으로, 그의 사역자들을 불꽃으로 삼으시느니라 하셨으되
8. 아들에 관하여는 하나님이여 주의 보좌는 영영하며 주의 나라의 규는 공평한 규이니이다
9. 주께서 의를 사랑하시고 불법을 미워하셨으니 그러므로 하나님 곧 주의 하나님이 즐거움의 기름을 주께 부어 주를 동류들보다 뛰어나게 하셨

히브리서 1장

1. 옛적에 선지자들을 통하여 여러 부분과 여러 모양으로 우리 조상들에게
말씀하신 하나님이
2. 이 모든 날 마지막에는 아들을 통하여 우리에게 말씀하셨으니 이 아들
을 만유의 상속자로 세우시고 또 그로 말미암아 모든 세계를 지으셨느
니라
3. 이는 하나님의 영광의 광채시요 그 본체의 형상이시라 그의 능력의 말
씀으로 만물을 붙드시며 죄를 정결하게 하는 일을 하시고 높은 곳에 계
신 지극히 크신 이의 우편에 앉으셨느니라
4. 그가 천사보다 훨씬 뛰어남은 그들보다 더욱 아름다운 이름을 기업으로
얻으심이니
5. 하나님께서 어느 때에 천사 중 누구에게 너는 내 아들이라 오늘 내가 너
를 낳았다 하셨으며 또 다시 나는 그에게 아버지가 되고 그는 내게 아
들이 되리라 하셨느냐
6. 또 그가 맏아들을 이끌어 세상에 다시 들어오게 하실 때에 하나님의 모
든 천사들은 그에게 경배할지어다 말씀하시며
7. 또 천사들에 관하여는 그는 그의 천사들을 바람으로, 그의 사역자들을
불꽃으로 삼으시느니라 하셨으되
8. 아들에 관하여는 하나님이여 주의 보좌는 영영하며 주의 나라의 규는
공평한 규이니이다
9. 주께서 의를 사랑하시고 불법을 미워하셨으니 그러므로 하나님 곧 주의
하나님이 즐거움의 기름을 주께 부어 주를 동류들보다 뛰어나게 하셨도

도다 하였고
10. 또 주여 태초에 주께서 땅의 기초를 두셨으며 하늘도 주의 손으로 지으신 바라
11. 그것들은 멸망할 것이나 오직 주는 영존할 것이요 그것들은 다 옷과 같이 낡아 지리니
12. 의복처럼 갈아입을 것이요 그것들은 옷과 같이 변할 것이나 주는 여전하여 연대가 다함이 없으리라 하였으나
13. 어느 때에 천사 중 누구에게 내가 네 원수로 네 발등상이 되게 하기까지 너는 내 우편에 앉아 있으라 하셨느냐
14. 모든 천사들은 섬기는 영으로서 구원 받을 상속자들을 위하여 섬기라고 보내심이 아니냐

히브리서 2장
1. 그러므로 우리는 들은 것에 더욱 유념함으로 우리가 흘러 떠내려가지 않도록 함이 마땅하니라
2. 천사들을 통하여 하신 말씀이 견고하게 되어 모든 범죄함과 순종하지 아니함이 공정한 보응을 받았거든
3. 우리가 이같이 큰 구원을 등한히 여기면 어찌 그 보응을 피하리요 이 구원은 처음에 주로 말씀하신 바요 들은 자들이 우리에게 확증한 바니
4. 하나님도 표적들과 기사들과 여러 가지 능력과 및 자기의 뜻을 따라 성령이 나누어 주신 것으로써 그들과 함께 증언하셨느니라
5. 하나님이 우리가 말하는 바 장차 올 세상을 천사들에게 복종하게 하심이 아니니라

다 하였고
10. 또 주여 태초에 주께서 땅의 기초를 두셨으며 하늘도 주의 손으로 지으신 바라
11. 그것들은 멸망할 것이나 오직 주는 영존할 것이요 그것들은 다 옷과 같이 낡아
지리니
12. 의복처럼 갈아입을 것이요 그것들은 옷과 같이 변할 것이나 주는 여전하여 연
대가 다함이 없으리라 하였으나
13. 어느 때에 천사 중 누구에게 내가 네 원수로 네 발등상이 되게 하기까지 너는
내 우편에 앉아 있으라 하셨느냐
14. 모든 천사들은 섬기는 영으로서 구원 받을 상속자들을 위하여 섬기라고 보내심
이 아니냐

히브리서 2장

1. 그러므로 우리는 들은 것에 더욱 유념함으로 우리가 흘러 떠내려가지 않도록
함이 마땅하니라
2. 천사들을 통하여 하신 말씀이 견고하게 되어 모든 범죄함과 순종하지 아니함이
공정한 보응을 받았거든
3. 우리가 이같이 큰 구원을 등한히 여기면 어찌 그 보응을 피하리요 이 구원은 처
음에 주로 말씀하신 바요 들은 자들이 우리에게 확증한 바니
4. 하나님도 표적들과 기사들과 여러 가지 능력과 및 자기의 뜻을 따라 성령이 나
누어 주신 것으로써 그들과 함께 증언하셨느니라
5. 하나님이 우리가 말하는 바 장차 올 세상을 천사들에게 복종하게 하심이 아니
니라

6. 그러나 누구인가가 어디에서 증언하여 이르되 사람이 무엇이기에 주께
서 그를 생각하시며 인자가 무엇이기에 주께서 그를 돌보시나이까
7. 그를 잠시 동안 천사보다 못하게 하시며 영광과 존귀로 관을 씌우시며
8. 만물을 그 발 아래에 복종하게 하셨느니라 하였으니 만물로 그에게 복
종하게 하셨은즉 복종하지 않은 것이 하나도 없어야 하겠으나 지금 우
리가 만물이 아직 그에게 복종하고 있는 것을 보지 못하고
9. 오직 우리가 천사들보다 잠시 동안 못하게 하심을 입은 자 곧 죽음의 고
난 받으심으로 말미암아 영광과 존귀로 관을 쓰신 예수를 보니 이를 행
하심은 하나님의 은혜로 말미암아 모든 사람을 위하여 죽음을 맛보려
하심이라
10. 그러므로 만물이 그를 위하고 또한 그로 말미암은 이가 많은 아들들을
이끌어 영광에 들어가게 하시는 일에 그들의 구원의 창시자를 고난을
통하여 온전하게 하심이 합당하도다
11. 거룩하게 하시는 이와 거룩하게 함을 입은 자들이 다 한 근원에서 난지
라 그러므로 형제라 부르시기를 부끄러워하지 아니하시고
12. 이르시되 내가 주의 이름을 내 형제들에게 선포하고 내가 주를 교회 중
에서 찬송하리라 하셨으며
13. 또 다시 내가 그를 의지하리라 하시고 또 다시 볼지어다 나와 및 하나님
께서 내게 주신 자녀라 하셨으니
14. 자녀들은 혈과 육에 속하였으매 그도 또한 같은 모양으로 혈과 육을 함
께 지니심은 죽음을 통하여 죽음의 세력을 잡은 자 곧 마귀를 멸하시며
15. 또 죽기를 무서워하므로 한평생 매여 종 노릇 하는 모든 자들을 놓아 주

6. 그러나 누구인가가 어디에서 증언하여 이르되 사람이 무엇이기에 주께
서 그를 생각하시며 인자가 무엇이기에 주께서 그를 돌보시나이까
7. 그를 잠시 동안 천사보다 못하게 하시며 영광과 존귀로 관을 씌우시며
8. 만물을 그 발 아래에 복종하게 하셨느니라 하였으니 만물로 그에게 복
종하게 하셨은즉 복종하지 않은 것이 하나도 없어야 하겠으나 지금 우
리가 만물이 아직 그에게 복종하고 있는 것을 보지 못하고
9. 오직 우리가 천사들보다 잠시 동안 못하게 하심을 입은 자 곧 죽음의 고
난 받으심으로 말미암아 영광과 존귀로 관을 쓰신 예수를 보니 이를 행
하심은 하나님의 은혜로 말미암아 모든 사람을 위하여 죽음을 맛보려
하심이라
10. 그러므로 만물이 그를 위하고 또한 그로 말미암은 이가 많은 아들들을
이끌어 영광에 들어가게 하시는 일에 그들의 구원의 창시자를 고난을
통하여 온전하게 하심이 합당하도다
11. 거룩하게 하시는 이와 거룩하게 함을 입은 자들이 다 한 근원에서 난지
라 그러므로 형제라 부르시기를 부끄러워하지 아니하시고
12. 이르시되 내가 주의 이름을 내 형제들에게 선포하고 내가 주를 교회 중
에서 찬송하리라 하셨으며
13. 또 다시 내가 그를 의지하리라 하시고 또 다시 볼지어다 나와 및 하나님
께서 내게 주신 자녀라 하셨으니
14. 자녀들은 혈과 육에 속하였으매 그도 또한 같은 모양으로 혈과 육을 함
께 지니심은 죽음을 통하여 죽음의 세력을 잡은 자 곧 마귀를 멸하시며
15. 또 죽기를 무서워하므로 한평생 매여 종 노릇 하는 모든 자들을 놓아 주

려 하심이니
16. 이는 확실히 천사들을 붙들어 주려 하심이 아니요 오직 아브라함의 자손을 붙들어 주려 하심이라
17. 그러므로 그가 범사에 형제들과 같이 되심이 마땅하도다 이는 하나님의 일에 자비하고 신실한 대제사장이 되어 백성의 죄를 속량하려 하심이라
18. 그가 시험을 받아 고난을 당하셨은즉 시험 받는 자들을 능히 도우실 수 있느니라

히브리서 3장

1. 그러므로 함께 하늘의 부르심을 받은 거룩한 형제들아 우리가 믿는 도리의 사도이시며 대제사장이신 예수를 깊이 생각하라
2. 그는 자기를 세우신 이에게 신실하시기를 모세가 하나님의 온 집에서 한 것과 같이 하셨으니
3. 그는 모세보다 더욱 영광을 받을 만한 것이 마치 집 지은 자가 그 집보다 더욱 존귀함 같으니라
4. 집마다 지은 이가 있으니 만물을 지으신 이는 하나님이시라
5. 또한 모세는 장래에 말할 것을 증언하기 위하여 하나님의 온 집에서 종으로서 신실하였고
6. 그리스도는 하나님의 집을 맡은 아들로서 그와 같이 하셨으니 우리가 소망의 확신과 자랑을 끝까지 굳게 잡고 있으면 우리는 그의 집이라
7. 그러므로 성령이 이르신 바와 같이 오늘 너희가 그의 음성을 듣거든
8. 광야에서 시험하던 날에 거역하던 것 같이 너희 마음을 완고하게 하지 말라

려 하심이니

16. 이는 확실히 천사들을 붙들어 주려 하심이 아니요 오직 아브라함의 자손을 붙들어 주려 하심이라

17. 그러므로 그가 범사에 형제들과 같이 되심이 마땅하도다 이는 하나님의 일에 자비하고 신실한 대제사장이 되어 백성의 죄를 속량하려 하심이라

18. 그가 시험을 받아 고난을 당하셨은즉 시험 받는 자들을 능히 도우실 수 있느니라

히브리서 3장

1. 그러므로 함께 하늘의 부르심을 받은 거룩한 형제들아 우리가 믿는 도리의 사도이시며 대제사장이신 예수를 깊이 생각하라

2. 그는 자기를 세우신 이에게 신실하시기를 모세가 하나님의 온 집에서 한 것과 같이 하셨으니

3. 그는 모세보다 더욱 영광을 받을 만한 것이 마치 집 지은 자가 그 집보다 더욱 존귀함 같으니라

4. 집마다 지은 이가 있으니 만물을 지으신 이는 하나님이시라

5. 또한 모세는 장래에 말할 것을 증언하기 위하여 하나님의 온 집에서 종으로서 신실하였고

6. 그리스도는 하나님의 집을 맡은 아들로서 그와 같이 하셨으니 우리가 소망의 확신과 자랑을 끝까지 굳게 잡고 있으면 우리는 그의 집이라

7. 그러므로 성령이 이르신 바와 같이 오늘 너희가 그의 음성을 듣거든

8. 광야에서 시험하던 날에 거역하던 것 같이 너희 마음을 완고하게 하지 말라

9. 거기서 너희 열조가 나를 시험하여 증험하고 사십 년 동안 나의 행사를 보았느니라
10. 그러므로 내가 이 세대에게 노하여 이르기를 그들이 항상 마음이 미혹되어 내 길을 알지 못하는도다 하였고
11. 내가 노하여 맹세한 바와 같이 그들은 내 안식에 들어오지 못하리라 하였다 하였느니라
12. 형제들아 너희는 삼가 혹 너희 중에 누가 믿지 아니하는 악한 마음을 품고 살아 계신 하나님에게서 떨어질까 조심할 것이요
13. 오직 오늘이라 일컫는 동안에 매일 피차 권면하여 너희 중에 누구든지 죄의 유혹으로 완고하게 되지 않도록 하라
14. 우리가 시작할 때에 확신한 것을 끝까지 견고히 잡고 있으면 그리스도와 함께 참여한 자가 되리라
15. 성경에 일렀으되 오늘 너희가 그의 음성을 듣거든 격노하시게 하던 것 같이 너희 마음을 완고하게 하지 말라 하였으니
16. 듣고 격노하시게 하던 자가 누구냐 모세를 따라 애굽에서 나온 모든 사람이 아니냐
17. 또 하나님이 사십 년 동안 누구에게 노하셨느냐 그들의 시체가 광야에 엎드러진 범죄한 자들에게가 아니냐
18. 또 하나님이 누구에게 맹세하사 그의 안식에 들어오지 못하리라 하셨느냐 곧 순종하지 아니하던 자들에게가 아니냐
19. 이로 보건대 그들이 믿지 아니하므로 능히 들어가지 못한 것이라

9. 거기서 너희 열조가 나를 시험하여 증험하고 사십 년 동안 나의 행사를 보았느니라
10. 그러므로 내가 이 세대에게 노하여 이르기를 그들이 항상 마음이 미혹되어 내 길을 알지 못하는도다 하였고
11. 내가 노하여 맹세한 바와 같이 그들은 내 안식에 들어오지 못하리라 하였다 하였느니라
12. 형제들아 너희는 삼가 혹 너희 중에 누가 믿지 아니하는 악한 마음을 품고 살아 계신 하나님에게서 떨어질까 조심할 것이요
13. 오직 오늘이라 일컫는 동안에 매일 피차 권면하여 너희 중에 누구든지 죄의 유혹으로 완고하게 되지 않도록 하라
14. 우리가 시작할 때에 확신한 것을 끝까지 견고히 잡고 있으면 그리스도와 함께 참여한 자가 되리라
15. 성경에 일렀으되 오늘 너희가 그의 음성을 듣거든 격노하시게 하던 것 같이 너희 마음을 완고하게 하지 말라 하였으니
16. 듣고 격노하시게 하던 자가 누구냐 모세를 따라 애굽에서 나온 모든 사람이 아니냐
17. 또 하나님이 사십 년 동안 누구에게 노하셨느냐 그들의 시체가 광야에 엎드러진 범죄한 자들에게가 아니냐
18. 또 하나님이 누구에게 맹세하사 그의 안식에 들어오지 못하리라 하셨느냐 곧 순종하지 아니하던 자들에게가 아니냐
19. 이로 보건대 그들이 믿지 아니하므로 능히 들어가지 못한 것이라

히브리서 4장

1. 그러므로 우리는 두려워할지니 그의 안식에 들어갈 약속이 남아 있을지라도 너희 중에는 혹 이르지 못할 자가 있을까 함이라
2. 그들과 같이 우리도 복음 전함을 받은 자이나 들은 바 그 말씀이 그들에게 유익하지 못한 것은 듣는 자가 믿음과 결부시키지 아니함이라
3. 이미 믿는 우리들은 저 안식에 들어가는도다 그가 말씀하신 바와 같으니 내가 노하여 맹세한 바와 같이 그들이 내 안식에 들어오지 못하리라 하셨다 하였으나 세상을 창조할 때부터 그 일이 이루어졌느니라
4. 제칠일에 관하여는 어딘가에 이렇게 일렀으되 하나님은 제칠일에 그의 모든 일을 쉬셨다 하였으며
5. 또 다시 거기에 그들이 내 안식에 들어오지 못하리라 하였으니
6. 그러면 거기에 들어갈 자들이 남아 있거니와 복음 전함을 먼저 받은 자들은 순종하지 아니함으로 말미암아 들어가지 못하였으므로
7. 오랜 후에 다윗의 글에 다시 어느 날을 정하여 오늘이라고 미리 이같이 일렀으되 오늘 너희가 그의 음성을 듣거든 너희 마음을 완고하게 하지 말라 하였나니
8. 만일 여호수아가 그들에게 안식을 주었더라면 그 후에 다른 날을 말씀하지 아니하셨으리라
9. 그런즉 안식할 때가 하나님의 백성에게 남아 있도다
10. 이미 그의 안식에 들어간 자는 하나님이 자기의 일을 쉬심과 같이 그도 자기의 일을 쉬느니라
11. 그러므로 우리가 저 안식에 들어가기를 힘쓸지니 이는 누구든지 저 순종하지 아니하는 본에 빠지지 않게 하려 함이라

히브리서 4장

1. 그러므로 우리는 두려워할지니 그의 안식에 들어갈 약속이 남아 있을지라도 너희 중에는 혹 이르지 못할 자가 있을까 함이라
2. 그들과 같이 우리도 복음 전함을 받은 자이나 들은 바 그 말씀이 그들에게 유익하지 못한 것은 듣는 자가 믿음과 결부시키지 아니함이라
3. 이미 믿는 우리들은 저 안식에 들어가는도다 그가 말씀하신 바와 같으니 내가 노하여 맹세한 바와 같이 그들이 내 안식에 들어오지 못하리라 하셨다 하였으나 세상을 창조할 때부터 그 일이 이루어졌느니라
4. 제칠일에 관하여는 어딘가에 이렇게 일렀으되 하나님은 제칠일에 그의 모든 일을 쉬셨다 하였으며
5. 또 다시 거기에 그들이 내 안식에 들어오지 못하리라 하였으니
6. 그러면 거기에 들어갈 자들이 남아 있거니와 복음 전함을 먼저 받은 자들은 순종하지 아니함으로 말미암아 들어가지 못하였으므로
7. 오랜 후에 다윗의 글에 다시 어느 날을 정하여 오늘이라고 미리 이같이 일렀으되 오늘 너희가 그의 음성을 듣거든 너희 마음을 완고하게 하지 말라 하였나니
8. 만일 여호수아가 그들에게 안식을 주었더라면 그 후에 다른 날을 말씀하지 아니하셨으리라
9. 그런즉 안식할 때가 하나님의 백성에게 남아 있도다
10. 이미 그의 안식에 들어간 자는 하나님이 자기의 일을 쉬심과 같이 그도 자기의 일을 쉬느니라
11. 그러므로 우리가 저 안식에 들어가기를 힘쓸지니 이는 누구든지 저 순종하지 아니하는 본에 빠지지 않게 하려 함이라

12. 하나님의 말씀은 살아 있고 활력이 있어 좌우에 날선 어떤 검보다도 예리하여 혼과 영과 및 관절과 골수를 찔러 쪼개기까지 하며 또 마음의 생각과 뜻을 판단하나니
13. 지으신 것이 하나도 그 앞에 나타나지 않음이 없고 우리의 결산을 받으실 이의 눈 앞에 만물이 벌거벗은 것 같이 드러나느니라
14. 그러므로 우리에게 큰 대제사장이 계시니 승천하신 이 곧 하나님의 아들 예수시라 우리가 믿는 도리를 굳게 잡을지어다
15. 우리에게 있는 대제사장은 우리의 연약함을 동정하지 못하실 이가 아니요 모든 일에 우리와 똑같이 시험을 받으신 이로되 죄는 없으시니라
16. 그러므로 우리는 긍휼하심을 받고 때를 따라 돕는 은혜를 얻기 위하여 은혜의 보좌 앞에 담대히 나아갈 것이니라

히브리서 5장

1. 대제사장마다 사람 가운데서 택한 자이므로 하나님께 속한 일에 사람을 위하여 예물과 속죄하는 제사를 드리게 하나니
2. 그가 무식하고 미혹된 자를 능히 용납할 수 있는 것은 자기도 연약에 휩싸여 있음이라
3. 그러므로 백성을 위하여 속죄제를 드림과 같이 또한 자신을 위하여도 드리는 것이 마땅하니라
4. 이 존귀는 아무도 스스로 취하지 못하고 오직 아론과 같이 하나님의 부르심을 받은 자라야 할 것이니라
5. 또한 이와 같이 그리스도께서 대제사장 되심도 스스로 영광을 취하심이

12. 하나님의 말씀은 살아 있고 활력이 있어 좌우에 날선 어떤 검보다도 예리하여 혼과 영과 및 관절과 골수를 찔러 쪼개기까지 하며 또 마음의 생각과 뜻을 판단하나니
13. 지으신 것이 하나도 그 앞에 나타나지 않음이 없고 우리의 결산을 받으실 이의 눈 앞에 만물이 벌거벗은 것 같이 드러나느니라
14. 그러므로 우리에게 큰 대제사장이 계시니 승천하신 이 곧 하나님의 아들 예수시라 우리가 믿는 도리를 굳게 잡을지어다
15. 우리에게 있는 대제사장은 우리의 연약함을 동정하지 못하실 이가 아니요 모든 일에 우리와 똑같이 시험을 받으신 이로되 죄는 없으시니라
16. 그러므로 우리는 긍휼하심을 받고 때를 따라 돕는 은혜를 얻기 위하여 은혜의 보좌 앞에 담대히 나아갈 것이니라

히브리서 5장

1. 대제사장마다 사람 가운데서 택한 자이므로 하나님께 속한 일에 사람을 위하여 예물과 속죄하는 제사를 드리게 하나니
2. 그가 무식하고 미혹된 자를 능히 용납할 수 있는 것은 자기도 연약에 휩싸여 있음이라
3. 그러므로 백성을 위하여 속죄제를 드림과 같이 또한 자신을 위하여도 드리는 것이 마땅하니라
4. 이 존귀는 아무도 스스로 취하지 못하고 오직 아론과 같이 하나님의 부르심을 받은 자라야 할 것이니라
5. 또한 이와 같이 그리스도께서 대제사장 되심도 스스로 영광을 취하심이

아니요 오직 말씀하신 이가 그에게 이르시되 너는 내 아들이니 내가 오늘 너를 낳았다 하셨고
6. 또한 이와 같이 다른 데서 말씀하시되 네가 영원히 멜기세덱의 반차를 따르는 제사장이라 하셨으니
7. 그는 육체에 계실 때에 자기를 죽음에서 능히 구원하실 이에게 심한 통곡과 눈물로 간구와 소원을 올렸고 그의 경건하심으로 말미암아 들으심을 얻었느니라
8. 그가 아들이시면서도 받으신 고난으로 순종함을 배워서
9. 온전하게 되셨은즉 자기에게 순종하는 모든 자에게 영원한 구원의 근원이 되시고
10. 하나님께 멜기세덱의 반차를 따른 대제사장이라 칭하심을 받으셨느니라
11. 멜기세덱에 관하여는 우리가 할 말이 많으나 너희가 듣는 것이 둔하므로 설명하기 어려우니라
12. 때가 오래 되었으므로 너희가 마땅히 선생이 되었을 터인데 너희가 다시 하나님의 말씀의 초보에 대하여 누구에게서 가르침을 받아야 할 처지이니 단단한 음식은 못 먹고 젖이나 먹어야 할 자가 되었도다
13. 이는 젖을 먹는 자마다 어린 아이니 의의 말씀을 경험하지 못한 자요
14. 단단한 음식은 장성한 자의 것이니 그들은 지각을 사용함으로 연단을 받아 선악을 분별하는 자들이니라

히브리서 6장

1. 그러므로 우리가 그리스도의 도의 초보를 버리고 죽은 행실을 회개함과 하나님께 대한 신앙과

아니요 오직 말씀하신 이가 그에게 이르시되 너는 내 아들이니 내가 오늘 너를 낳았다 하셨고
6. 또한 이와 같이 다른 데서 말씀하시되 네가 영원히 멜기세덱의 반차를 따르는 제사장이라 하셨으니
7. 그는 육체에 계실 때에 자기를 죽음에서 능히 구원하실 이에게 심한 통곡과 눈물로 간구와 소원을 올렸고 그의 경건하심으로 말미암아 들으심을 얻었느니라
8. 그가 아들이시면서도 받으신 고난으로 순종함을 배워서
9. 온전하게 되셨은즉 자기에게 순종하는 모든 자에게 영원한 구원의 근원이 되시고
10. 하나님께 멜기세덱의 반차를 따른 대제사장이라 칭하심을 받으셨느니라
11. 멜기세덱에 관하여는 우리가 할 말이 많으나 너희가 듣는 것이 둔하므로 설명하기 어려우니라
12. 때가 오래 되었으므로 너희가 마땅히 선생이 되었을 터인데 너희가 다시 하나님의 말씀의 초보에 대하여 누구에게서 가르침을 받아야 할 처지이니 단단한 음식은 못 먹고 젖이나 먹어야 할 자가 되었도다
13. 이는 젖을 먹는 자마다 어린 아이니 의의 말씀을 경험하지 못한 자요
14. 단단한 음식은 장성한 자의 것이니 그들은 지각을 사용함으로 연단을 받아 선악을 분별하는 자들이니라

히브리서 6장

1. 그러므로 우리가 그리스도의 도의 초보를 버리고 죽은 행실을 회개함과 하나님께 대한 신앙과

2. 세례들과 안수와 죽은 자의 부활과 영원한 심판에 관한 교훈의 터를 다시 닦지 말고 완전한 데로 나아갈지니라
3. 하나님께서 허락하시면 우리가 이것을 하리라
4. 한 번 빛을 받고 하늘의 은사를 맛보고 성령에 참여한 바 되고
5. 하나님의 선한 말씀과 내세의 능력을 맛보고도
6. 타락한 자들은 다시 새롭게 하여 회개하게 할 수 없나니 이는 그들이 하나님의 아들을 다시 십자가에 못 박아 드러내 놓고 욕되게 함이라
7. 땅이 그 위에 자주 내리는 비를 흡수하여 밭 가는 자들이 쓰기에 합당한 채소를 내면 하나님께 복을 받고
8. 만일 가시와 엉겅퀴를 내면 버림을 당하고 저주함에 가까워 그 마지막은 불사름이 되리라
9. 사랑하는 자들아 우리가 이같이 말하나 너희에게는 이보다 더 좋은 것 곧 구원에 속한 것이 있음을 확신하노라
10. 하나님은 불의하지 아니하사 너희 행위와 그의 이름을 위하여 나타낸 사랑으로 이미 성도를 섬긴 것과 이제도 섬기고 있는 것을 잊어버리지 아니하시느니라
11. 우리가 간절히 원하는 것은 너희 각 사람이 동일한 부지런함을 나타내어 끝까지 소망의 풍성함에 이르러
12. 게으르지 아니하고 믿음과 오래 참음으로 말미암아 약속들을 기업으로 받는 자들을 본받는 자 되게 하려는 것이니라
13. 하나님이 아브라함에게 약속하실 때에 가리켜 맹세할 자가 자기보다 더 큰 이가 없으므로 자기를 가리켜 맹세하여

2. 세례들과 안수와 죽은 자의 부활과 영원한 심판에 관한 교훈의 터를 다
시 닦지 말고 완전한 데로 나아갈지니라
3. 하나님께서 허락하시면 우리가 이것을 하리라
4. 한 번 빛을 받고 하늘의 은사를 맛보고 성령에 참여한 바 되고
5. 하나님의 선한 말씀과 내세의 능력을 맛보고도
6. 타락한 자들은 다시 새롭게 하여 회개하게 할 수 없나니 이는 그들이 하
나님의 아들을 다시 십자가에 못 박아 드러내 놓고 욕되게 함이라
7. 땅이 그 위에 자주 내리는 비를 흡수하여 밭 가는 자들이 쓰기에 합당한
채소를 내면 하나님께 복을 받고
8. 만일 가시와 엉겅퀴를 내면 버림을 당하고 저주함에 가까워 그 마지막
은 불사름이 되리라
9. 사랑하는 자들아 우리가 이같이 말하나 너희에게는 이보다 더 좋은 것
곧 구원에 속한 것이 있음을 확신하노라
10. 하나님은 불의하지 아니하사 너희 행위와 그의 이름을 위하여 나타낸
사랑으로 이미 성도를 섬긴 것과 이제도 섬기고 있는 것을 잊어버리지
아니하시느니라
11. 우리가 간절히 원하는 것은 너희 각 사람이 동일한 부지런함을 나타내
어 끝까지 소망의 풍성함에 이르러
12. 게으르지 아니하고 믿음과 오래 참음으로 말미암아 약속들을 기업으로
받는 자들을 본받는 자 되게 하려는 것이니라
13. 하나님이 아브라함에게 약속하실 때에 가리켜 맹세할 자가 자기보다 더
큰 이가 없으므로 자기를 가리켜 맹세하여

14. 이르시되 내가 반드시 너에게 복 주고 복 주며 너를 번성하게 하고 번성하게 하리라 하셨더니
15. 그가 이같이 오래 참아 약속을 받았느니라
16. 사람들은 자기보다 더 큰 자를 가리켜 맹세하나니 맹세는 그들이 다투는 모든 일의 최후 확정이니라
17. 하나님은 약속을 기업으로 받는 자들에게 그 뜻이 변하지 아니함을 충분히 나타내시려고 그 일을 맹세로 보증하셨나니
18. 이는 하나님이 거짓말을 하실 수 없는 이 두 가지 변하지 못할 사실로 말미암아 앞에 있는 소망을 얻으려고 피난처를 찾은 우리에게 큰 안위를 받게 하려 하심이라
19. 우리가 이 소망을 가지고 있는 것은 영혼의 닻 같아서 튼튼하고 견고하여 휘장 안에 들어 가나니
20. 그리로 앞서 가신 예수께서 멜기세덱의 반차를 따라 영원히 대제사장이 되어 우리를 위하여 들어 가셨느니라

히브리서 7장

1. 이 멜기세덱은 살렘 왕이요 지극히 높으신 하나님의 제사장이라 여러 왕을 쳐서 죽이고 돌아오는 아브라함을 만나 복을 빈 자라
2. 아브라함이 모든 것의 십분의 일을 그에게 나누어 주니라 그 이름을 해석하면 먼저는 의의 왕이요 그 다음은 살렘 왕이니 곧 평강의 왕이요
3. 아버지도 없고 어머니도 없고 족보도 없고 시작한 날도 없고 생명의 끝도 없어 하나님의 아들과 닮아서 항상 제사장으로 있느니라

14. 이르시되 내가 반드시 너에게 복 주고 복 주며 너를 번성하게 하고 번성하게 하리라 하셨더니
15. 그가 이같이 오래 참아 약속을 받았느니라
16. 사람들은 자기보다 더 큰 자를 가리켜 맹세하나니 맹세는 그들이 다투는 모든 일의 최후 확정이니라
17. 하나님은 약속을 기업으로 받는 자들에게 그 뜻이 변하지 아니함을 충분히 나타내시려고 그 일을 맹세로 보증하셨나니
18. 이는 하나님이 거짓말을 하실 수 없는 이 두 가지 변하지 못할 사실로 말미암아 앞에 있는 소망을 얻으려고 피난처를 찾은 우리에게 큰 안위를 받게 하려 하심이라
19. 우리가 이 소망을 가지고 있는 것은 영혼의 닻 같아서 튼튼하고 견고하여 휘장 안에 들어 가나니
20. 그리로 앞서 가신 예수께서 멜기세덱의 반차를 따라 영원히 대제사장이 되어 우리를 위하여 들어 가셨느니라

히브리서 7장

1. 이 멜기세덱은 살렘 왕이요 지극히 높으신 하나님의 제사장이라 여러 왕을 쳐서 죽이고 돌아오는 아브라함을 만나 복을 빈 자라
2. 아브라함이 모든 것의 십분의 일을 그에게 나누어 주니라 그 이름을 해석하면 먼저는 의의 왕이요 그 다음은 살렘 왕이니 곧 평강의 왕이요
3. 아버지도 없고 어머니도 없고 족보도 없고 시작한 날도 없고 생명의 끝도 없어 하나님의 아들과 닮아서 항상 제사장으로 있느니라

4. 이 사람이 얼마나 높은가를 생각해 보라 조상 아브라함도 노략물 중 십분의 일을 그에게 주었느니라
5. 레위의 아들들 가운데 제사장의 직분을 받은 자들은 율법을 따라 아브라함의 허리에서 난 자라도 자기 형제인 백성에게서 십분의 일을 취하라는 명령을 받았으나
6. 레위 족보에 들지 아니한 멜기세덱은 아브라함에게서 십분의 일을 취하고 약속을 받은 그를 위하여 복을 빌었나니
7. 논란의 여지 없이 낮은 자가 높은 자에게서 축복을 받느니라
8. 또 여기는 죽을 자들이 십분의 일을 받으나 저기는 산다고 증거를 얻은 자가 받았느니라
9. 또한 십분의 일을 받는 레위도 아브라함으로 말미암아 십분의 일을 바쳤다고 할 수 있나니
10. 이는 멜기세덱이 아브라함을 만날 때에 레위는 이미 자기 조상의 허리에 있었음이라
11. 레위 계통의 제사 직분으로 말미암아 온전함을 얻을 수 있었으면 (백성이 그 아래에서 율법을 받았으니) 어찌하여 아론의 반차를 따르지 않고 멜기세덱의 반차를 따르는 다른 한 제사장을 세울 필요가 있느냐
12. 제사 직분이 바꾸어졌은즉 율법도 반드시 바꾸어지리니
13. 이것은 한 사람도 제단 일을 받들지 않는 다른 지파에 속한 자를 가리켜 말한 것이라
14. 우리 주께서는 유다로부터 나신 것이 분명하도다 이 지파에는 모세가 제사장들에 관하여 말한 것이 하나도 없고

4. 이 사람이 얼마나 높은가를 생각해 보라 조상 아브라함도 노략물 중 십분의 일을 그에게 주었느니라
5. 레위의 아들들 가운데 제사장의 직분을 받은 자들은 율법을 따라 아브라함의 허리에서 난 자라도 자기 형제인 백성에게서 십분의 일을 취하라는 명령을 받았으나
6. 레위 족보에 들지 아니한 멜기세덱은 아브라함에게서 십분의 일을 취하고 약속을 받은 그를 위하여 복을 빌었나니
7. 논란의 여지 없이 낮은 자가 높은 자에게서 축복을 받느니라
8. 또 여기는 죽을 자들이 십분의 일을 받으나 저기는 산다고 증거를 얻은 자가 받았느니라
9. 또한 십분의 일을 받는 레위도 아브라함으로 말미암아 십분의 일을 바쳤다고 할 수 있나니
10. 이는 멜기세덱이 아브라함을 만날 때에 레위는 이미 자기 조상의 허리에 있었음이라
11. 레위 계통의 제사 직분으로 말미암아 온전함을 얻을 수 있었으면 (백성이 그 아래에서 율법을 받았으니) 어찌하여 아론의 반차를 따르지 않고 멜기세덱의 반차를 따르는 다른 한 제사장을 세울 필요가 있느냐
12. 제사 직분이 바꾸어졌은즉 율법도 반드시 바꾸어지리니
13. 이것은 한 사람도 제단 일을 받들지 않는 다른 지파에 속한 자를 가리켜 말한 것이라
14. 우리 주께서는 유다로부터 나신 것이 분명하도다 이 지파에는 모세가 제사장들에 관하여 말한 것이 하나도 없고

15. 멜기세덱과 같은 별다른 한 제사장이 일어난 것을 보니 더욱 분명하도다
16. 그는 육신에 속한 한 계명의 법을 따르지 아니하고 오직 불멸의 생명의 능력을 따라 되었으니
17. 증언하기를 네가 영원히 멜기세덱의 반차를 따르는 제사장이라 하였도다
18. 전에 있던 계명은 연약하고 무익하므로 폐하고
19. (율법은 아무 것도 온전하게 못할지라) 이에 더 좋은 소망이 생기니 이것으로 우리가 하나님께 가까이 가느니라
20. 또 예수께서 제사장이 되신 것은 맹세 없이 된 것이 아니니
21. (그들은 맹세 없이 제사장이 되었으되 오직 예수는 자기에게 말씀하신 이로 말미암아 맹세로 되신 것이라 주께서 맹세하시고 뉘우치지 아니하시리니 네가 영원히 제사장이라 하셨도다)
22. 이와 같이 예수는 더 좋은 언약의 보증이 되셨느니라
23. 제사장 된 그들의 수효가 많은 것은 죽음으로 말미암아 항상 있지 못함이로되
24. 예수는 영원히 계시므로 그 제사장 직분도 갈리지 아니하느니라
25. 그러므로 자기를 힘입어 하나님께 나아가는 자들을 온전히 구원하실 수 있으니 이는 그가 항상 살아 계셔서 그들을 위하여 간구하심이라
26. 이러한 대제사장은 우리에게 합당하니 거룩하고 악이 없고 더러움이 없고 죄인에게서 떠나 계시고 하늘보다 높이 되신 이라
27. 그는 저 대제사장들이 먼저 자기 죄를 위하고 다음에 백성의 죄를 위하여 날마다 제사 드리는 것과 같이 할 필요가 없으니 이는 그가 단번에 자기를 드려 이루셨음이라
28. 율법은 약점을 가진 사람들을 제사장으로 세웠거니와 율법 후에 하신 맹세의

15. 멜기세덱과 같은 별다른 한 제사장이 일어난 것을 보니 더욱 분명하도다
16. 그는 육신에 속한 한 계명의 법을 따르지 아니하고 오직 불멸의 생명의 능력을 따라 되었으니
17. 증언하기를 네가 영원히 멜기세덱의 반차를 따르는 제사장이라 하였도다
18. 전에 있던 계명은 연약하고 무익하므로 폐하고
19. (율법은 아무 것도 온전하게 못할지라) 이에 더 좋은 소망이 생기니 이것으로 우리가 하나님께 가까이 가느니라
20. 또 예수께서 제사장이 되신 것은 맹세 없이 된 것이 아니니
21. (그들은 맹세 없이 제사장이 되었으되 오직 예수는 자기에게 말씀하신 이로 말미암아 맹세로 되신 것이라 주께서 맹세하시고 뉘우치지 아니하시리니 네가 영원히 제사장이라 하셨도다)
22. 이와 같이 예수는 더 좋은 언약의 보증이 되셨느니라
23. 제사장 된 그들의 수효가 많은 것은 죽음으로 말미암아 항상 있지 못함이로되
24. 예수는 영원히 계시므로 그 제사장 직분도 갈리지 아니하느니라
25. 그러므로 자기를 힘입어 하나님께 나아가는 자들을 온전히 구원하실 수 있으니 이는 그가 항상 살아 계셔서 그들을 위하여 간구하심이라
26. 이러한 대제사장은 우리에게 합당하니 거룩하고 악이 없고 더러움이 없고 죄인에게서 떠나 계시고 하늘보다 높이 되신 이라
27. 그는 저 대제사장들이 먼저 자기 죄를 위하고 다음에 백성의 죄를 위하여 날마다 제사 드리는 것과 같이 할 필요가 없으니 이는 그가 단번에 자기를 드려 이루셨음이라
28. 율법은 약점을 가진 사람들을 제사장으로 세웠거니와 율법 후에 하신 맹세의

말씀은 영원히 온전하게 되신 아들을 세우셨느니라

히브리서 8장

1. 지금 우리가 하는 말의 요점은 이러한 대제사장이 우리에게 있다는 것이라 그는 하늘에서 지극히 크신 이의 보좌 우편에 앉으셨으니
2. 성소와 참 장막에서 섬기는 이시라 이 장막은 주께서 세우신 것이요 사람이 세운 것이 아니니라
3. 대제사장마다 예물과 제사 드림을 위하여 세운 자니 그러므로 그도 무엇인가 드릴 것이 있어야 할지니라
4. 예수께서 만일 땅에 계셨더라면 제사장이 되지 아니하셨을 것이니 이는 율법을 따라 예물을 드리는 제사장이 있음이라
5. 그들이 섬기는 것은 하늘에 있는 것의 모형과 그림자라 모세가 장막을 지으려 할 때에 지시하심을 얻음과 같으니 이르시되 삼가 모든 것을 산에서 네게 보이던 본을 따라 지으라 하셨느니라
6. 그러나 이제 그는 더 아름다운 직분을 얻으셨으니 그는 더 좋은 약속으로 세우신 더 좋은 언약의 중보자시라
7. 저 첫 언약이 무흠하였더라면 둘째 것을 요구할 일이 없었으려니와
8. 그들의 잘못을 지적하여 말씀하시되 주께서 이르시되 볼지어다 날이 이르리니 내가 이스라엘 집과 유다 집과 더불어 새 언약을 맺으리라
9. 또 주께서 이르시기를 이 언약은 내가 그들의 열조의 손을 잡고 애굽 땅에서 인도하여 내던 날에 그들과 맺은 언약과 같지 아니하도다 그들은 내 언약 안에 머물러 있지 아니하므로 내가 그들을 돌보지 아니하

말씀은 영원히 온전하게 되신 아들을 세우셨느니라

히브리서 8장

1. 지금 우리가 하는 말의 요점은 이러한 대제사장이 우리에게 있다는 것이라 그는 하늘에서 지극히 크신 이의 보좌 우편에 앉으셨으니
2. 성소와 참 장막에서 섬기는 이시라 이 장막은 주께서 세우신 것이요 사람이 세운 것이 아니니라
3. 대제사장마다 예물과 제사 드림을 위하여 세운 자니 그러므로 그도 무엇인가 드릴 것이 있어야 할지니라
4. 예수께서 만일 땅에 계셨더라면 제사장이 되지 아니하셨을 것이니 이는 율법을 따라 예물을 드리는 제사장이 있음이라
5. 그들이 섬기는 것은 하늘에 있는 것의 모형과 그림자라 모세가 장막을 지으려 할 때에 지시하심을 얻음과 같으니 이르시되 삼가 모든 것을 산에서 네게 보이던 본을 따라 지으라 하셨느니라
6. 그러나 이제 그는 더 아름다운 직분을 얻으셨으니 그는 더 좋은 약속으로 세우신 더 좋은 언약의 중보자시라
7. 저 첫 언약이 무흠하였더라면 둘째 것을 요구할 일이 없었으려니와
8. 그들의 잘못을 지적하여 말씀하시되 주께서 이르시되 볼지어다 날이 이르리니 내가 이스라엘 집과 유다 집과 더불어 새 언약을 맺으리라
9. 또 주께서 이르시기를 이 언약은 내가 그들의 열조의 손을 잡고 애굽 땅에서 인도하여 내던 날에 그들과 맺은 언약과 같지 아니하도다 그들은 내 언약 안에 머물러 있지 아니하므로 내가 그들을 돌보지 아니하

였노라
10. 또 주께서 이르시되 그 날 후에 내가 이스라엘 집과 맺을 언약은 이것이니 내 법을 그들의 생각에 두고 그들의 마음에 이것을 기록하리라 나는 그들에게 하나님이 되고 그들은 내게 백성이 되리라
11. 또 각각 자기 나라 사람과 각각 자기 형제를 가르쳐 이르기를 주를 알라 하지 아니할 것은 그들이 작은 자로부터 큰 자까지 다 나를 앎이라
12. 내가 그들의 불의를 긍휼히 여기고 그들의 죄를 다시 기억하지 아니하리라 하셨느니라
13. 새 언약이라 말씀하셨으매 첫 것은 낡아지게 하신 것이니 낡아지고 쇠하는 것은 없어져 가는 것이니라

히브리서 9장
1. 첫 언약에도 섬기는 예법과 세상에 속한 성소가 있더라
2. 예비한 첫 장막이 있고 그 안에 등잔대와 상과 진설병이 있으니 이는 성소라 일컫고
3. 또 둘째 휘장 뒤에 있는 장막을 지성소라 일컫나니
4. 금 향로와 사면을 금으로 싼 언약궤가 있고 그 안에 만나를 담은 금 항아리와 아론의 싹난 지팡이와 언약의 돌판들이 있고
5. 그 위에 속죄소를 덮는 영광의 그룹들이 있으니 이것들에 관하여는 이제 낱낱이 말할 수 없노라
6. 이 모든 것을 이같이 예비하였으니 제사장들이 항상 첫 장막에 들어가 섬기는 예식을 행하고

였노라
10. 또 주께서 이르시되 그 날 후에 내가 이스라엘 집과 맺을 언약은 이것이니 내 법을 그들의 생각에 두고 그들의 마음에 이것을 기록하리라 나는 그들에게 하나님이 되고 그들은 내게 백성이 되리라
11. 또 각각 자기 나라 사람과 각각 자기 형제를 가르쳐 이르기를 주를 알라 하지 아니할 것은 그들이 작은 자로부터 큰 자까지 다 나를 앎이라
12. 내가 그들의 불의를 긍휼히 여기고 그들의 죄를 다시 기억하지 아니하리라 하셨느니라
13. 새 언약이라 말씀하셨으매 첫 것은 낡아지게 하신 것이니 낡아지고 쇠하는 것은 없어져 가는 것이니라

히브리서 9장

1. 첫 언약에도 섬기는 예법과 세상에 속한 성소가 있더라
2. 예비한 첫 장막이 있고 그 안에 등잔대와 상과 진설병이 있으니 이는 성소라 일컫고
3. 또 둘째 휘장 뒤에 있는 장막을 지성소라 일컫나니
4. 금 향로와 사면을 금으로 싼 언약궤가 있고 그 안에 만나를 담은 금 항아리와 아론의 싹난 지팡이와 언약의 돌판들이 있고
5. 그 위에 속죄소를 덮는 영광의 그룹들이 있으니 이것들에 관하여는 이제 낱낱이 말할 수 없노라
6. 이 모든 것을 이같이 예비하였으니 제사장들이 항상 첫 장막에 들어가 섬기는 예식을 행하고

7. 오직 둘째 장막은 대제사장이 홀로 일 년에 한 번 들어가되 자기와 백성의 허물을 위하여 드리는 피 없이는 아니하나니
8. 성령이 이로써 보이신 것은 첫 장막이 서 있을 동안에는 성소에 들어가는 길이 아직 나타나지 아니한 것이라
9. 이 장막은 현재까지의 비유니 이에 따라 드리는 예물과 제사는 섬기는 자를 그 양심상 온전하게 할 수 없나니
10. 이런 것은 먹고 마시는 것과 여러 가지 씻는 것과 함께 육체의 예법일 뿐이며 개혁할 때까지 맡겨 둔 것이니라
11. 그리스도께서는 장래 좋은 일의 대제사장으로 오사 손으로 짓지 아니한 것 곧 이 창조에 속하지 아니한 더 크고 온전한 장막으로 말미암아
12. 염소와 송아지의 피로 하지 아니하고 오직 자기의 피로 영원한 속죄를 이루사 단번에 성소에 들어가셨느니라
13. 염소와 황소의 피와 및 암송아지의 재를 부정한 자에게 뿌려 그 육체를 정결하게 하여 거룩하게 하거든
14. 하물며 영원하신 성령으로 말미암아 흠 없는 자기를 하나님께 드린 그리스도의 피가 어찌 너희 양심을 죽은 행실에서 깨끗하게 하고 살아 계신 하나님을 섬기게 하지 못하겠느냐
15. 이로 말미암아 그는 새 언약의 중보자시니 이는 첫 언약 때에 범한 죄에서 속량하려고 죽으사 부르심을 입은 자로 하여금 영원한 기업의 약속을 얻게 하려 하심이라
16. 유언은 유언한 자가 죽어야 되나니
17. 유언은 그 사람이 죽은 후에야 유효한즉 유언한 자가 살아 있는 동안에

7. 오직 둘째 장막은 대제사장이 홀로 일 년에 한 번 들어가되 자기와 백성
의 허물을 위하여 드리는 피 없이는 아니하나니
8. 성령이 이로써 보이신 것은 첫 장막이 서 있을 동안에는 성소에 들어가
는 길이 아직 나타나지 아니한 것이라
9. 이 장막은 현재까지의 비유니 이에 따라 드리는 예물과 제사는 섬기는
자를 그 양심상 온전하게 할 수 없나니
10. 이런 것은 먹고 마시는 것과 여러 가지 씻는 것과 함께 육체의 예법일
뿐이며 개혁할 때까지 맡겨 둔 것이니라
11. 그리스도께서는 장래 좋은 일의 대제사장으로 오사 손으로 짓지 아니한
것 곧 이 창조에 속하지 아니한 더 크고 온전한 장막으로 말미암아
12. 염소와 송아지의 피로 하지 아니하고 오직 자기의 피로 영원한 속죄를
이루사 단번에 성소에 들어가셨느니라
13. 염소와 황소의 피와 및 암송아지의 재를 부정한 자에게 뿌려 그 육체를
정결하게 하여 거룩하게 하거든
14. 하물며 영원하신 성령으로 말미암아 흠 없는 자기를 하나님께 드린 그
리스도의 피가 어찌 너희 양심을 죽은 행실에서 깨끗하게 하고 살아 계
신 하나님을 섬기게 하지 못하겠느냐
15. 이로 말미암아 그는 새 언약의 중보자시니 이는 첫 언약 때에 범한 죄에
서 속량하려고 죽으사 부르심을 입은 자로 하여금 영원한 기업의 약속
을 얻게 하려 하심이라
16. 유언은 유언한 자가 죽어야 되나니
17. 유언은 그 사람이 죽은 후에야 유효한즉 유언한 자가 살아 있는 동안에

는 효력이 없느니라
18. 이러므로 첫 언약도 피 없이 세운 것이 아니니
19. 모세가 율법대로 모든 계명을 온 백성에게 말한 후에 송아지와 염소의 피 및 물과 붉은 양털과 우슬초를 취하여 그 두루마리와 온 백성에게 뿌리며
20. 이르되 이는 하나님이 너희에게 명하신 언약의 피라 하고
21. 또한 이와 같이 피를 장막과 섬기는 일에 쓰는 모든 그릇에 뿌렸느니라
22. 율법을 따라 거의 모든 물건이 피로써 정결하게 되나니 피흘림이 없은즉 사함이 없느니라
23. 그러므로 하늘에 있는 것들의 모형은 이런 것들로써 정결하게 할 필요가 있었으나 하늘에 있는 그것들은 이런 것들보다 더 좋은 제물로 할지니라
24. 그리스도께서는 참 것의 그림자인 손으로 만든 성소에 들어가지 아니하시고 바로 그 하늘에 들어가사 이제 우리를 위하여 하나님 앞에 나타나시고
25. 대제사장이 해마다 다른 것의 피로써 성소에 들어가는 것 같이 자주 자기를 드리려고 아니하실지니
26. 그리하면 그가 세상을 창조한 때부터 자주 고난을 받았어야 할 것이로되 이제 자기를 단번에 제물로 드려 죄를 없이 하시려고 세상 끝에 나타나셨느니라
27. 한번 죽는 것은 사람에게 정해진 것이요 그 후에는 심판이 있으리니
28. 이와 같이 그리스도도 많은 사람의 죄를 담당하시려고 단번에 드리신 바 되셨고 구원에 이르게 하기 위하여 죄와 상관 없이 자기를 바라는 자들에게 두 번째 나타나시리라

는 효력이 없느니라
18. 이러므로 첫 언약도 피 없이 세운 것이 아니니
19. 모세가 율법대로 모든 계명을 온 백성에게 말한 후에 송아지와 염소의 피 및 물
과 붉은 양털과 우슬초를 취하여 그 두루마리와 온 백성에게 뿌리며
20. 이르되 이는 하나님이 너희에게 명하신 언약의 피라 하고
21. 또한 이와 같이 피를 장막과 섬기는 일에 쓰는 모든 그릇에 뿌렸느니라
22. 율법을 따라 거의 모든 물건이 피로써 정결하게 되나니 피흘림이 없은즉 사함
이 없느니라
23. 그러므로 하늘에 있는 것들의 모형은 이런 것들로써 정결하게 할 필요가 있었
으나 하늘에 있는 그것들은 이런 것들보다 더 좋은 제물로 할지니라
24. 그리스도께서는 참 것의 그림자인 손으로 만든 성소에 들어가지 아니하시고 바
로 그 하늘에 들어가사 이제 우리를 위하여 하나님 앞에 나타나시고
25. 대제사장이 해마다 다른 것의 피로써 성소에 들어가는 것 같이 자주 자기를 드
리려고 아니하실지니
26. 그리하면 그가 세상을 창조한 때부터 자주 고난을 받았어야 할 것이로되 이제
자기를 단번에 제물로 드려 죄를 없이 하시려고 세상 끝에 나타나셨느니라
27. 한번 죽는 것은 사람에게 정해진 것이요 그 후에는 심판이 있으리니
28. 이와 같이 그리스도도 많은 사람의 죄를 담당하시려고 단번에 드리신 바 되셨
고 구원에 이르게 하기 위하여 죄와 상관 없이 자기를 바라는 자들에게 두 번째
나타나시리라

히브리서 10장

1. 율법은 장차 올 좋은 일의 그림자일 뿐이요 참 형상이 아니므로 해마다 늘 드리는 같은 제사로는 나아오는 자들을 언제나 온전하게 할 수 없느니라
2. 그렇지 아니하면 섬기는 자들이 단번에 정결하게 되어 다시 죄를 깨닫는 일이 없으리니 어찌 제사 드리는 일을 그치지 아니하였으리요
3. 그러나 이 제사들에는 해마다 죄를 기억하게 하는 것이 있나니
4. 이는 황소와 염소의 피가 능히 죄를 없이 하지 못함이라
5. 그러므로 주께서 세상에 임하실 때에 이르시되 하나님이 제사와 예물을 원하지 아니하시고 오직 나를 위하여 한 몸을 예비하셨도다
6. 번제와 속죄제는 기뻐하지 아니하시나니
7. 이에 내가 말하기를 하나님이여 보시옵소서 두루마리 책에 나를 가리켜 기록된 것과 같이 하나님의 뜻을 행하러 왔나이다 하셨느니라
8. 위에 말씀하시기를 주께서는 제사와 예물과 번제와 속죄제는 원하지도 아니하고 기뻐하지도 아니하신다 하셨고 (이는 다 율법을 따라 드리는 것이라)
9. 그 후에 말씀하시기를 보시옵소서 내가 하나님의 뜻을 행하러 왔나이다 하셨으니 그 첫째 것을 폐하심은 둘째 것을 세우려 하심이라
10. 이 뜻을 따라 예수 그리스도의 몸을 단번에 드리심으로 말미암아 우리가 거룩함을 얻었노라
11. 제사장마다 매일 서서 섬기며 자주 같은 제사를 드리되 이 제사는 언제나 죄를 없게 하지 못하거니와

히브리서 10장

1. 율법은 장차 올 좋은 일의 그림자일 뿐이요 참 형상이 아니므로 해마다 늘 드리는 같은 제사로는 나아오는 자들을 언제나 온전하게 할 수 없느니라
2. 그렇지 아니하면 섬기는 자들이 단번에 정결하게 되어 다시 죄를 깨닫는 일이 없으리니 어찌 제사 드리는 일을 그치지 아니하였으리요
3. 그러나 이 제사들에는 해마다 죄를 기억하게 하는 것이 있나니
4. 이는 황소와 염소의 피가 능히 죄를 없이 하지 못함이라
5. 그러므로 주께서 세상에 임하실 때에 이르시되 하나님이 제사와 예물을 원하지 아니하시고 오직 나를 위하여 한 몸을 예비하셨도다
6. 번제와 속죄제는 기뻐하지 아니하시나니
7. 이에 내가 말하기를 하나님이여 보시옵소서 두루마리 책에 나를 가리켜 기록된 것과 같이 하나님의 뜻을 행하러 왔나이다 하셨느니라
8. 위에 말씀하시기를 주께서는 제사와 예물과 번제와 속죄제는 원하지도 아니하고 기뻐하지도 아니하신다 하셨고 (이는 다 율법을 따라 드리는 것이라)
9. 그 후에 말씀하시기를 보시옵소서 내가 하나님의 뜻을 행하러 왔나이다 하셨으니 그 첫째 것을 폐하심은 둘째 것을 세우려 하심이라
10. 이 뜻을 따라 예수 그리스도의 몸을 단번에 드리심으로 말미암아 우리가 거룩함을 얻었노라
11. 제사장마다 매일 서서 섬기며 자주 같은 제사를 드리되 이 제사는 언제나 죄를 없게 하지 못하거니와

12. 오직 그리스도는 죄를 위하여 한 영원한 제사를 드리시고 하나님 우편에 앉으사
13. 그 후에 자기 원수들을 자기 발등상이 되게 하실 때까지 기다리시나니
14. 그가 거룩하게 된 자들을 한 번의 제사로 영원히 온전하게 하셨느니라
15. 또한 성령이 우리에게 증언하시되
16. 주께서 이르시되 그 날 후로는 그들과 맺을 언약이 이것이라 하시고 내 법을 그들의 마음에 두고 그들의 생각에 기록하리라 하신 후에
17. 또 그들의 죄와 그들의 불법을 내가 다시 기억하지 아니하리라 하셨으니
18. 이것들을 사하셨은즉 다시 죄를 위하여 제사 드릴 것이 없느니라
19. 그러므로 형제들아 우리가 예수의 피를 힘입어 성소에 들어갈 담력을 얻었나니
20. 그 길은 우리를 위하여 휘장 가운데로 열어 놓으신 새로운 살 길이요 휘장은 곧 그의 육체니라
21. 또 하나님의 집 다스리는 큰 제사장이 계시매
22. 우리가 마음에 뿌림을 받아 악한 양심으로부터 벗어나고 몸은 맑은 물로 씻음을 받았으니 참 마음과 온전한 믿음으로 하나님께 나아가자
23. 또 약속하신 이는 미쁘시니 우리가 믿는 도리의 소망을 움직이지 말며 굳게 잡고
24. 서로 돌아보아 사랑과 선행을 격려하며
25. 모이기를 폐하는 어떤 사람들의 습관과 같이 하지 말고 오직 권하여 그 날이 가까움을 볼수록 더욱 그리하자
26. 우리가 진리를 아는 지식을 받은 후 짐짓 죄를 범한즉 다시 속죄하는 제사가 없고
27. 오직 무서운 마음으로 심판을 기다리는 것과 대적하는 자를 태울 맹렬한 불만

12. 오직 그리스도는 죄를 위하여 한 영원한 제사를 드리시고 하나님 우편에 앉으사
13. 그 후에 자기 원수들을 자기 발등상이 되게 하실 때까지 기다리시나니
14. 그가 거룩하게 된 자들을 한 번의 제사로 영원히 온전하게 하셨느니라
15. 또한 성령이 우리에게 증언하시되
16. 주께서 이르시되 그 날 후로는 그들과 맺을 언약이 이것이라 하시고 내 법을 그들의 마음에 두고 그들의 생각에 기록하리라 하신 후에
17. 또 그들의 죄와 그들의 불법을 내가 다시 기억하지 아니하리라 하셨으니
18. 이것들을 사하셨은즉 다시 죄를 위하여 제사 드릴 것이 없느니라
19. 그러므로 형제들아 우리가 예수의 피를 힘입어 성소에 들어갈 담력을 얻었나니
20. 그 길은 우리를 위하여 휘장 가운데로 열어 놓으신 새로운 살 길이요 휘장은 곧 그의 육체니라
21. 또 하나님의 집 다스리는 큰 제사장이 계시매
22. 우리가 마음에 뿌림을 받아 악한 양심으로부터 벗어나고 몸은 맑은 물로 씻음을 받았으니 참 마음과 온전한 믿음으로 하나님께 나아가자
23. 또 약속하신 이는 미쁘시니 우리가 믿는 도리의 소망을 움직이지 말며 굳게 잡고
24. 서로 돌아보아 사랑과 선행을 격려하며
25. 모이기를 폐하는 어떤 사람들의 습관과 같이 하지 말고 오직 권하여 그 날이 가까움을 볼수록 더욱 그리하자
26. 우리가 진리를 아는 지식을 받은 후 짐짓 죄를 범한즉 다시 속죄하는 제사가 없고
27. 오직 무서운 마음으로 심판을 기다리는 것과 대적하는 자를 태울 맹렬한 불만

있으리라
28. 모세의 법을 폐한 자도 두세 증인으로 말미암아 불쌍히 여김을 받지 못하고 죽었거든
29. 하물며 하나님의 아들을 짓밟고 자기를 거룩하게 한 언약의 피를 부정한 것으로 여기고 은혜의 성령을 욕되게 하는 자가 당연히 받을 형벌은 얼마나 더 무겁겠느냐 너희는 생각하라
30. 원수 갚는 것이 내게 있으니 내가 갚으리라 하시고 또 다시 주께서 그의 백성을 심판하리라 말씀하신 것을 우리가 아노니
31. 살아 계신 하나님의 손에 빠져 들어가는 것이 무서울진저
32. 전날에 너희가 빛을 받은 후에 고난의 큰 싸움을 견디어 낸 것을 생각하라
33. 혹은 비방과 환난으로써 사람에게 구경거리가 되고 혹은 이런 형편에 있는 자들과 사귀는 자가 되었으니
34. 너희가 갇힌 자를 동정하고 너희 소유를 빼앗기는 것도 기쁘게 당한 것은 더 낫고 영구한 소유가 있는 줄 앎이라
35. 그러므로 너희 담대함을 버리지 말라 이것이 큰 상을 얻게 하느니라
36. 너희에게 인내가 필요함은 너희가 하나님의 뜻을 행한 후에 약속하신 것을 받기 위함이라
37. 잠시 잠깐 후면 오실 이가 오시리니 지체하지 아니하시리라
38. 나의 의인은 믿음으로 말미암아 살리라 또한 뒤로 물러가면 내 마음이 그를 기뻐하지 아니하리라 하셨느니라
39. 우리는 뒤로 물러가 멸망할 자가 아니요 오직 영혼을 구원함에 이르는

있으리라
28. 모세의 법을 폐한 자도 두세 증인으로 말미암아 불쌍히 여김을 받지 못하고 죽었거든
29. 하물며 하나님의 아들을 짓밟고 자기를 거룩하게 한 언약의 피를 부정한 것으로 여기고 은혜의 성령을 욕되게 하는 자가 당연히 받을 형벌은 얼마나 더 무겁겠느냐 너희는 생각하라
30. 원수 갚는 것이 내게 있으니 내가 갚으리라 하시고 또 다시 주께서 그의 백성을 심판하리라 말씀하신 것을 우리가 아노니
31. 살아 계신 하나님의 손에 빠져 들어가는 것이 무서울진저
32. 전날에 너희가 빛을 받은 후에 고난의 큰 싸움을 견디어 낸 것을 생각하라
33. 혹은 비방과 환난으로써 사람에게 구경거리가 되고 혹은 이런 형편에 있는 자들과 사귀는 자가 되었으니
34. 너희가 갇힌 자를 동정하고 너희 소유를 빼앗기는 것도 기쁘게 당한 것은 더 낫고 영구한 소유가 있는 줄 앎이라
35. 그러므로 너희 담대함을 버리지 말라 이것이 큰 상을 얻게 하느니라
36. 너희에게 인내가 필요함은 너희가 하나님의 뜻을 행한 후에 약속하신 것을 받기 위함이라
37. 잠시 잠깐 후면 오실 이가 오시리니 지체하지 아니하시리라
38. 나의 의인은 믿음으로 말미암아 살리라 또한 뒤로 물러가면 내 마음이 그를 기뻐하지 아니하리라 하셨느니라
39. 우리는 뒤로 물러가 멸망할 자가 아니요 오직 영혼을 구원함에 이르는

믿음을 가진 자니라

히브리서 11장

1. 믿음은 바라는 것들의 실상이요 보이지 않는 것들의 증거니
2. 선진들이 이로써 증거를 얻었느니라
3. 믿음으로 모든 세계가 하나님의 말씀으로 지어진 줄을 우리가 아나니 보이는 것은 나타난 것으로 말미암아 된 것이 아니니라
4. 믿음으로 아벨은 가인보다 더 나은 제사를 하나님께 드림으로 의로운 자라 하시는 증거를 얻었으니 하나님이 그 예물에 대하여 증언하심이라 그가 죽었으나 그 믿음으로써 지금도 말하느니라
5. 믿음으로 에녹은 죽음을 보지 않고 옮겨졌으니 하나님이 그를 옮기심으로 다시 보이지 아니하였느니라 그는 옮겨지기 전에 하나님을 기쁘시게 하는 자라 하는 증거를 받았느니라
6. 믿음이 없이는 하나님을 기쁘시게 하지 못하나니 하나님께 나아가는 자는 반드시 그가 계신 것과 또한 그가 자기를 찾는 자들에게 상 주시는 이심을 믿어야 할지니라
7. 믿음으로 노아는 아직 보이지 않는 일에 경고하심을 받아 경외함으로 방주를 준비하여 그 집을 구원하였으니 이로 말미암아 세상을 정죄하고 믿음을 따르는 의의 상속자가 되었느니라
8. 믿음으로 아브라함은 부르심을 받았을 때에 순종하여 장래의 유업으로 받을 땅에 나아갈새 갈 바를 알지 못하고 나아갔으며
9. 믿음으로 그가 이방의 땅에 있는 것 같이 약속의 땅에 거류하여 동일한 약속을

믿음을 가진 자니라

히브리서 11장

1. 믿음은 바라는 것들의 실상이요 보이지 않는 것들의 증거니
2. 선진들이 이로써 증거를 얻었느니라
3. 믿음으로 모든 세계가 하나님의 말씀으로 지어진 줄을 우리가 아나니 보이는 것은 나타난 것으로 말미암아 된 것이 아니니라
4. 믿음으로 아벨은 가인보다 더 나은 제사를 하나님께 드림으로 의로운 자라 하시는 증거를 얻었으니 하나님이 그 예물에 대하여 증언하심이라 그가 죽었으나 그 믿음으로써 지금도 말하느니라
5. 믿음으로 에녹은 죽음을 보지 않고 옮겨졌으니 하나님이 그를 옮기심으로 다시 보이지 아니하였느니라 그는 옮겨지기 전에 하나님을 기쁘시게 하는 자라 하는 증거를 받았느니라
6. 믿음이 없이는 하나님을 기쁘시게 하지 못하나니 하나님께 나아가는 자는 반드시 그가 계신 것과 또한 그가 자기를 찾는 자들에게 상 주시는 이심을 믿어야 할지니라
7. 믿음으로 노아는 아직 보이지 않는 일에 경고하심을 받아 경외함으로 방주를 준비하여 그 집을 구원하였으니 이로 말미암아 세상을 정죄하고 믿음을 따르는 의의 상속자가 되었느니라
8. 믿음으로 아브라함은 부르심을 받았을 때에 순종하여 장래의 유업으로 받을 땅에 나아갈새 갈 바를 알지 못하고 나아갔으며
9. 믿음으로 그가 이방의 땅에 있는 것 같이 약속의 땅에 거류하여 동일한 약속을

유업으로 함께 받은 이삭 및 야곱과 더불어 장막에 거하였으니
10. 이는 그가 하나님이 계획하시고 지으실 터가 있는 성을 바랐음이라
11. 믿음으로 사라 자신도 나이가 많아 단산하였으나 잉태할 수 있는 힘을
얻었으니 이는 약속하신 이를 미쁘신 줄 알았음이라
12. 이러므로 죽은 자와 같은 한 사람으로 말미암아 하늘의 허다한 별과 또
해변의 무수한 모래와 같이 많은 후손이 생육하였느니라
13. 이 사람들은 다 믿음을 따라 죽었으며 약속을 받지 못하였으되 그것들
을 멀리서 보고 환영하며 또 땅에서는 외국인과 나그네임을 증언하였
으니
14. 그들이 이같이 말하는 것은 자기들이 본향 찾는 자임을 나타냄이라
15. 그들이 나온 바 본향을 생각하였더라면 돌아갈 기회가 있었으려니와
16. 그들이 이제는 더 나은 본향을 사모하니 곧 하늘에 있는 것이라 이러므
로 하나님이 그들의 하나님이라 일컬음 받으심을 부끄러워하지 아니하
시고 그들을 위하여 한 성을 예비하셨느니라
17. 아브라함은 시험을 받을 때에 믿음으로 이삭을 드렸으니 그는 약속들을
받은 자로되 그 외아들을 드렸느니라
18. 그에게 이미 말씀하시기를 네 자손이라 칭할 자는 이삭으로 말미암으리
라 하셨으니
19. 그가 하나님이 능히 이삭을 죽은 자 가운데서 다시 살리실 줄로 생각한
지라 비유컨대 그를 죽은 자 가운데서 도로 받은 것이니라
20. 믿음으로 이삭은 장차 있을 일에 대하여 야곱과 에서에게 축복하였으며
21. 믿음으로 야곱은 죽을 때에 요셉의 각 아들에게 축복하고 그 지팡이 머

유업으로 함께 받은 이삭 및 야곱과 더불어 장막에 거하였으니
10. 이는 그가 하나님이 계획하시고 지으실 터가 있는 성을 바랐음이라
11. 믿음으로 사라 자신도 나이가 많아 단산하였으나 잉태할 수 있는 힘을
얻었으니 이는 약속하신 이를 미쁘신 줄 알았음이라
12. 이러므로 죽은 자와 같은 한 사람으로 말미암아 하늘의 허다한 별과 또
해변의 무수한 모래와 같이 많은 후손이 생육하였느니라
13. 이 사람들은 다 믿음을 따라 죽었으며 약속을 받지 못하였으되 그것들
을 멀리서 보고 환영하며 또 땅에서는 외국인과 나그네임을 증언하였
으니
14. 그들이 이같이 말하는 것은 자기들이 본향 찾는 자임을 나타냄이라
15. 그들이 나온 바 본향을 생각하였더라면 돌아갈 기회가 있었으려니와
16. 그들이 이제는 더 나은 본향을 사모하니 곧 하늘에 있는 것이라 이러므
로 하나님이 그들의 하나님이라 일컬음 받으심을 부끄러워하지 아니하
시고 그들을 위하여 한 성을 예비하셨느니라
17. 아브라함은 시험을 받을 때에 믿음으로 이삭을 드렸으니 그는 약속들을
받은 자로되 그 외아들을 드렸느니라
18. 그에게 이미 말씀하시기를 네 자손이라 칭할 자는 이삭으로 말미암으리
라 하셨으니
19. 그가 하나님이 능히 이삭을 죽은 자 가운데서 다시 살리실 줄로 생각한
지라 비유컨대 그를 죽은 자 가운데서 도로 받은 것이니라
20. 믿음으로 이삭은 장차 있을 일에 대하여 야곱과 에서에게 축복하였으며
21. 믿음으로 야곱은 죽을 때에 요셉의 각 아들에게 축복하고 그 지팡이 머

리에 의지하여 경배하였으며
22. 믿음으로 요셉은 임종시에 이스라엘 자손들이 떠날 것을 말하고 또 자기 뼈를 위하여 명하였으며
23. 믿음으로 모세가 났을 때에 그 부모가 아름다운 아이임을 보고 석 달 동안 숨겨 왕의 명령을 무서워하지 아니하였으며
24. 믿음으로 모세는 장성하여 바로의 공주의 아들이라 칭함 받기를 거절하고
25. 도리어 하나님의 백성과 함께 고난 받기를 잠시 죄악의 낙을 누리는 것보다 더 좋아하고
26. 그리스도를 위하여 받는 수모를 애굽의 모든 보화보다 더 큰 재물로 여겼으니 이는 상 주심을 바라봄이라
27. 믿음으로 애굽을 떠나 왕의 노함을 무서워하지 아니하고 곧 보이지 아니하는 자를 보는 것 같이 하여 참았으며
28. 믿음으로 유월절과 피 뿌리는 예식을 정하였으니 이는 장자를 멸하는 자로 그들을 건드리지 않게 하려 한 것이며
29. 믿음으로 그들은 홍해를 육지 같이 건넜으나 애굽 사람들은 이것을 시험하다가 빠져 죽었으며
30. 믿음으로 칠 일 동안 여리고를 도니 성이 무너졌으며
31. 믿음으로 기생 라합은 정탐꾼을 평안히 영접하였으므로 순종하지 아니한 자와 함께 멸망하지 아니하였도다
32. 내가 무슨 말을 더 하리요 기드온, 바락, 삼손, 입다, 다윗 및 사무엘과 선지자들의 일을 말하려면 내게 시간이 부족하리로다
33. 그들은 믿음으로 나라들을 이기기도 하며 의를 행하기도 하며 약속을 받기도

리에 의지하여 경배하였으며
22. 믿음으로 요셉은 임종시에 이스라엘 자손들이 떠날 것을 말하고 또 자기 뼈를 위하여 명하였으며
23. 믿음으로 모세가 났을 때에 그 부모가 아름다운 아이임을 보고 석 달 동안 숨겨 왕의 명령을 무서워하지 아니하였으며
24. 믿음으로 모세는 장성하여 바로의 공주의 아들이라 칭함 받기를 거절하고
25. 도리어 하나님의 백성과 함께 고난 받기를 잠시 죄악의 낙을 누리는 것보다 더 좋아하고
26. 그리스도를 위하여 받는 수모를 애굽의 모든 보화보다 더 큰 재물로 여겼으니 이는 상 주심을 바라봄이라
27. 믿음으로 애굽을 떠나 왕의 노함을 무서워하지 아니하고 곧 보이지 아니하는 자를 보는 것 같이 하여 참았으며
28. 믿음으로 유월절과 피 뿌리는 예식을 정하였으니 이는 장자를 멸하는 자로 그들을 건드리지 않게 하려 한 것이며
29. 믿음으로 그들은 홍해를 육지 같이 건넜으나 애굽 사람들은 이것을 시험하다가 빠져 죽었으며
30. 믿음으로 칠 일 동안 여리고를 도니 성이 무너졌으며
31. 믿음으로 기생 라합은 정탐꾼을 평안히 영접하였으므로 순종하지 아니한 자와 함께 멸망하지 아니하였도다
32. 내가 무슨 말을 더 하리요 기드온, 바락, 삼손, 입다, 다윗 및 사무엘과 선지자들의 일을 말하려면 내게 시간이 부족하리로다
33. 그들은 믿음으로 나라들을 이기기도 하며 의를 행하기도 하며 약속을 받기도

하며 사자들의 입을 막기도 하며
34. 불의 세력을 멸하기도 하며 칼날을 피하기도 하며 연약한 가운데서 강
하게 되기도 하며 전쟁에 용감하게 되어 이방 사람들의 진을 물리치기
도 하며
35. 여자들은 자기의 죽은 자들을 부활로 받아들이기도 하며 또 어떤 이들
은 더 좋은 부활을 얻고자 하여 심한 고문을 받되 구차히 풀려나기를
원하지 아니하였으며
36. 또 어떤 이들은 조롱과 채찍질뿐 아니라 결박과 옥에 갇히는 시련도 받
았으며
37. 돌로 치는 것과 톱으로 켜는 것과 시험과 칼로 죽임을 당하고 양과 염소
의 가죽을 입고 유리하여 궁핍과 환난과 학대를 받았으니
38. (이런 사람은 세상이 감당하지 못하느니라) 그들이 광야와 산과 동굴과
토굴에 유리하였느니라
39. 이 사람들은 다 믿음으로 말미암아 증거를 받았으나 약속된 것을 받지
못하였으니
40. 이는 하나님이 우리를 위하여 더 좋은 것을 예비하셨은즉 우리가 아니
면 그들로 온전함을 이루지 못하게 하려 하심이라

히브리서 12장

1. 이러므로 우리에게 구름 같이 둘러싼 허다한 증인들이 있으니 모든 무
거운 것과 얽매이기 쉬운 죄를 벗어 버리고 인내로써 우리 앞에 당한
경주를 하며

하며 사자들의 입을 막기도 하며
34. 불의 세력을 멸하기도 하며 칼날을 피하기도 하며 연약한 가운데서 강
하게 되기도 하며 전쟁에 용감하게 되어 이방 사람들의 진을 물리치기
도 하며
35. 여자들은 자기의 죽은 자들을 부활로 받아들이기도 하며 또 어떤 이들
은 더 좋은 부활을 얻고자 하여 심한 고문을 받되 구차히 풀려나기를
원하지 아니하였으며
36. 또 어떤 이들은 조롱과 채찍질뿐 아니라 결박과 옥에 갇히는 시련도 받
았으며
37. 돌로 치는 것과 톱으로 켜는 것과 시험과 칼로 죽임을 당하고 양과 염소
의 가죽을 입고 유리하여 궁핍과 환난과 학대를 받았으니
38. (이런 사람은 세상이 감당하지 못하느니라) 그들이 광야와 산과 동굴과
토굴에 유리하였느니라
39. 이 사람들은 다 믿음으로 말미암아 증거를 받았으나 약속된 것을 받지
못하였으니
40. 이는 하나님이 우리를 위하여 더 좋은 것을 예비하셨은즉 우리가 아니
면 그들로 온전함을 이루지 못하게 하려 하심이라

히브리서 12장

1. 이러므로 우리에게 구름 같이 둘러싼 허다한 증인들이 있으니 모든 무
거운 것과 얽매이기 쉬운 죄를 벗어 버리고 인내로써 우리 앞에 당한
경주를 하며

2. 믿음의 주요 또 온전하게 하시는 이인 예수를 바라보자 그는 그 앞에 있는 기쁨을 위하여 십자가를 참으사 부끄러움을 개의치 아니하시더니 하나님 보좌 우편에 앉으셨느니라
3. 너희가 피곤하여 낙심하지 않기 위하여 죄인들이 이같이 자기에게 거역한 일을 참으신 이를 생각하라
4. 너희가 죄와 싸우되 아직 피흘리기까지는 대항하지 아니하고
5. 또 아들들에게 권하는 것 같이 너희에게 권면하신 말씀도 잊었도다 일렀으되 내 아들아 주의 징계하심을 경히 여기지 말며 그에게 꾸지람을 받을 때에 낙심하지 말라
6. 주께서 그 사랑하시는 자를 징계하시고 그가 받아들이시는 아들마다 채찍질하심이라 하였으니
7. 너희가 참음은 징계를 받기 위함이라 하나님이 아들과 같이 너희를 대우하시나니 어찌 아버지가 징계하지 않는 아들이 있으리요
8. 징계는 다 받는 것이거늘 너희에게 없으면 사생자요 친아들이 아니니라
9. 또 우리 육신의 아버지가 우리를 징계하여도 공경하였거든 하물며 모든 영의 아버지께 더욱 복종하며 살려 하지 않겠느냐
10. 그들은 잠시 자기의 뜻대로 우리를 징계하였거니와 오직 하나님은 우리의 유익을 위하여 그의 거룩하심에 참여하게 하시느니라
11. 무릇 징계가 당시에는 즐거워 보이지 않고 슬퍼 보이나 후에 그로 말미암아 연단 받은 자들은 의와 평강의 열매를 맺느니라
12. 그러므로 피곤한 손과 연약한 무릎을 일으켜 세우고
13. 너희 발을 위하여 곧은 길을 만들어 저는 다리로 하여금 어그러지지 않고 고침

2. 믿음의 주요 또 온전하게 하시는 이인 예수를 바라보자 그는 그 앞에 있는 기쁨을 위하여 십자가를 참으사 부끄러움을 개의치 아니하시더니 하나님 보좌 우편에 앉으셨느니라
3. 너희가 피곤하여 낙심하지 않기 위하여 죄인들이 이같이 자기에게 거역한 일을 참으신 이를 생각하라
4. 너희가 죄와 싸우되 아직 피흘리기까지는 대항하지 아니하고
5. 또 아들들에게 권하는 것 같이 너희에게 권면하신 말씀도 잊었도다 일렀으되 내 아들아 주의 징계하심을 경히 여기지 말며 그에게 꾸지람을 받을 때에 낙심하지 말라
6. 주께서 그 사랑하시는 자를 징계하시고 그가 받아들이시는 아들마다 채찍질하심이라 하였으니
7. 너희가 참음은 징계를 받기 위함이라 하나님이 아들과 같이 너희를 대우하시나니 어찌 아버지가 징계하지 않는 아들이 있으리요
8. 징계는 다 받는 것이거늘 너희에게 없으면 사생자요 친아들이 아니니라
9. 또 우리 육신의 아버지가 우리를 징계하여도 공경하였거든 하물며 모든 영의 아버지께 더욱 복종하며 살려 하지 않겠느냐
10. 그들은 잠시 자기의 뜻대로 우리를 징계하였거니와 오직 하나님은 우리의 유익을 위하여 그의 거룩하심에 참여하게 하시느니라
11. 무릇 징계가 당시에는 즐거워 보이지 않고 슬퍼 보이나 후에 그로 말미암아 연단 받은 자들은 의와 평강의 열매를 맺느니라
12. 그러므로 피곤한 손과 연약한 무릎을 일으켜 세우고
13. 너희 발을 위하여 곧은 길을 만들어 저는 다리로 하여금 어그러지지 않고 고침

을 받게 하라
14. 모든 사람과 더불어 화평함과 거룩함을 따르라 이것이 없이는 아무도 주를 보지 못하리라
15. 너희는 하나님의 은혜에 이르지 못하는 자가 없도록 하고 또 쓴 뿌리가 나서 괴롭게 하여 많은 사람이 이로 말미암아 더럽게 되지 않게 하며
16. 음행하는 자와 혹 한 그릇 음식을 위하여 장자의 명분을 판 에서와 같이 망령된 자가 없도록 살피라
17. 너희가 아는 바와 같이 그가 그 후에 축복을 이어받으려고 눈물을 흘리며 구하되 버린 바가 되어 회개할 기회를 얻지 못하였느니라
18. 너희는 만질 수 있고 불이 붙는 산과 침침함과 흑암과 폭풍과
19. 나팔 소리와 말하는 소리가 있는 곳에 이른 것이 아니라 그 소리를 듣는 자들은 더 말씀하지 아니하시기를 구하였으니
20. 이는 짐승이라도 그 산에 들어가면 돌로 침을 당하리라 하신 명령을 그들이 견디지 못함이라
21. 그 보이는 바가 이렇듯 무섭기로 모세도 이르되 내가 심히 두렵고 떨린다 하였느니라
22. 그러나 너희가 이른 곳은 시온 산과 살아 계신 하나님의 도성인 하늘의 예루살렘과 천만 천사와
23. 하늘에 기록된 장자들의 모임과 교회와 만민의 심판자이신 하나님과 및 온전하게 된 의인의 영들과
24. 새 언약의 중보자이신 예수와 및 아벨의 피보다 더 나은 것을 말하는 뿌린 피니라

을 받게 하라
14. 모든 사람과 더불어 화평함과 거룩함을 따르라 이것이 없이는 아무도
주를 보지 못하리라
15. 너희는 하나님의 은혜에 이르지 못하는 자가 없도록 하고 또 쓴 뿌리가
나서 괴롭게 하여 많은 사람이 이로 말미암아 더럽게 되지 않게 하며
16. 음행하는 자와 혹 한 그릇 음식을 위하여 장자의 명분을 판 에서와 같이
망령된 자가 없도록 살피라
17. 너희가 아는 바와 같이 그가 그 후에 축복을 이어받으려고 눈물을 흘리
며 구하되 버린 바가 되어 회개할 기회를 얻지 못하였느니라
18. 너희는 만질 수 있고 불이 붙는 산과 침침함과 흑암과 폭풍과
19. 나팔 소리와 말하는 소리가 있는 곳에 이른 것이 아니라 그 소리를 듣는
자들은 더 말씀하지 아니하시기를 구하였으니
20. 이는 짐승이라도 그 산에 들어가면 돌로 침을 당하리라 하신 명령을 그
들이 견디지 못함이라
21. 그 보이는 바가 이렇듯 무섭기로 모세도 이르되 내가 심히 두렵고 떨린
다 하였느니라
22. 그러나 너희가 이른 곳은 시온 산과 살아 계신 하나님의 도성인 하늘의
예루살렘과 천만 천사와
23. 하늘에 기록된 장자들의 모임과 교회와 만민의 심판자이신 하나님과 및
온전하게 된 의인의 영들과
24. 새 언약의 중보자이신 예수와 및 아벨의 피보다 더 나은 것을 말하는 뿌
린 피니라

25. 너희는 삼가 말씀하신 이를 거역하지 말라 땅에서 경고하신 이를 거역한 그들이 피하지 못하였거든 하물며 하늘로부터 경고하신 이를 배반하는 우리일까 보냐
26. 그 때에는 그 소리가 땅을 진동하였거니와 이제는 약속하여 이르시되 내가 또 한 번 땅만 아니라 하늘도 진동하리라 하셨느니라
27. 이 또 한 번이라 하심은 진동하지 아니하는 것을 영존하게 하기 위하여 진동할 것들 곧 만드신 것들이 변동될 것을 나타내심이라
28. 그러므로 우리가 흔들리지 않는 나라를 받았은즉 은혜를 받자 이로 말미암아 경건함과 두려움으로 하나님을 기쁘시게 섬길지니
29. 우리 하나님은 소멸하는 불이심이라

히브리서 13장

1. 형제 사랑하기를 계속하고
2. 손님 대접하기를 잊지 말라 이로써 부지중에 천사들을 대접한 이들이 있었느니라
3. 너희도 함께 갇힌 것 같이 갇힌 자를 생각하고 너희도 몸을 가졌은즉 학대 받는 자를 생각하라
4. 모든 사람은 결혼을 귀히 여기고 침소를 더럽히지 않게 하라 음행하는 자들과 간음하는 자들을 하나님이 심판하시리라
5. 돈을 사랑하지 말고 있는 바를 족한 줄로 알라 그가 친히 말씀하시기를 내가 결코 너희를 버리지 아니하고 너희를 떠나지 아니하리라 하셨느니라
6. 그러므로 우리가 담대히 말하되 주는 나를 돕는 이시니 내가 무서워하지 아니

25. 너희는 삼가 말씀하신 이를 거역하지 말라 땅에서 경고하신 이를 거역한 그들이 피하지 못하였거든 하물며 하늘로부터 경고하신 이를 배반하는 우리일까 보냐
26. 그 때에는 그 소리가 땅을 진동하였거니와 이제는 약속하여 이르시되 내가 또 한 번 땅만 아니라 하늘도 진동하리라 하셨느니라
27. 이 또 한 번이라 하심은 진동하지 아니하는 것을 영존하게 하기 위하여 진동할 것들 곧 만드신 것들이 변동될 것을 나타내심이라
28. 그러므로 우리가 흔들리지 않는 나라를 받았은즉 은혜를 받자 이로 말미암아 경건함과 두려움으로 하나님을 기쁘시게 섬길지니
29. 우리 하나님은 소멸하는 불이심이라

히브리서 13장

1. 형제 사랑하기를 계속하고
2. 손님 대접하기를 잊지 말라 이로써 부지중에 천사들을 대접한 이들이 있었느니라
3. 너희도 함께 갇힌 것 같이 갇힌 자를 생각하고 너희도 몸을 가졌은즉 학대 받는 자를 생각하라
4. 모든 사람은 결혼을 귀히 여기고 침소를 더럽히지 않게 하라 음행하는 자들과 간음하는 자들을 하나님이 심판하시리라
5. 돈을 사랑하지 말고 있는 바를 족한 줄로 알라 그가 친히 말씀하시기를 내가 결코 너희를 버리지 아니하고 너희를 떠나지 아니하리라 하셨느니라
6. 그러므로 우리가 담대히 말하되 주는 나를 돕는 이시니 내가 무서워하지 아니

하겠노라 사람이 내게 어찌하리요 하노라
7. 하나님의 말씀을 너희에게 일러 주고 너희를 인도하던 자들을 생각하며 그들의 행실의 결말을 주의하여 보고 그들의 믿음을 본받으라
8. 예수 그리스도는 어제나 오늘이나 영원토록 동일하시니라
9. 여러 가지 다른 교훈에 끌리지 말라 마음은 은혜로써 굳게 함이 아름답고 음식으로써 할 것이 아니니 음식으로 말미암아 행한 자는 유익을 얻지 못하였느니라
10. 우리에게 제단이 있는데 장막에서 섬기는 자들은 그 제단에서 먹을 권한이 없나니
11. 이는 죄를 위한 짐승의 피는 대제사장이 가지고 성소에 들어가고 그 육체는 영문 밖에서 불사름이라
12. 그러므로 예수도 자기 피로써 백성을 거룩하게 하려고 성문 밖에서 고난을 받으셨느니라
13. 그런즉 우리도 그의 치욕을 짊어지고 영문 밖으로 그에게 나아가자
14. 우리가 여기에는 영구한 도성이 없으므로 장차 올 것을 찾나니
15. 그러므로 우리는 예수로 말미암아 항상 찬송의 제사를 하나님께 드리자 이는 그 이름을 증언하는 입술의 열매니라
16. 오직 선을 행함과 서로 나누어 주기를 잊지 말라 하나님은 이같은 제사를 기뻐하시느니라
17. 너희를 인도하는 자들에게 순종하고 복종하라 그들은 너희 영혼을 위하여 경성하기를 자신들이 청산할 자인 것 같이 하느니라 그들로 하여금 즐거움으로 이것을 하게 하고 근심으로 하게 하지 말라 그렇지 않으면

하겠노라 사람이 내게 어찌하리요 하노라
7. 하나님의 말씀을 너희에게 일러 주고 너희를 인도하던 자들을 생각하며
그들의 행실의 결말을 주의하여 보고 그들의 믿음을 본받으라
8. 예수 그리스도는 어제나 오늘이나 영원토록 동일하시니라
9. 여러 가지 다른 교훈에 끌리지 말라 마음은 은혜로써 굳게 함이 아름답
고 음식으로써 할 것이 아니니 음식으로 말미암아 행한 자는 유익을 얻
지 못하였느니라
10. 우리에게 제단이 있는데 장막에서 섬기는 자들은 그 제단에서 먹을 권
한이 없나니
11. 이는 죄를 위한 짐승의 피는 대제사장이 가지고 성소에 들어가고 그 육
체는 영문 밖에서 불사름이라
12. 그러므로 예수도 자기 피로써 백성을 거룩하게 하려고 성문 밖에서 고
난을 받으셨느니라
13. 그런즉 우리도 그의 치욕을 짊어지고 영문 밖으로 그에게 나아가자
14. 우리가 여기에는 영구한 도성이 없으므로 장차 올 것을 찾나니
15. 그러므로 우리는 예수로 말미암아 항상 찬송의 제사를 하나님께 드리자
이는 그 이름을 증언하는 입술의 열매니라
16. 오직 선을 행함과 서로 나누어 주기를 잊지 말라 하나님은 이같은 제사
를 기뻐하시느니라
17. 너희를 인도하는 자들에게 순종하고 복종하라 그들은 너희 영혼을 위하
여 경성하기를 자신들이 청산할 자인 것 같이 하느니라 그들로 하여금
즐거움으로 이것을 하게 하고 근심으로 하게 하지 말라 그렇지 않으면

너희에게 유익이 없느니라
18. 우리를 위하여 기도하라 우리가 모든 일에 선하게 행하려 하므로 우리에게 선한 양심이 있는 줄을 확신하노니
19. 내가 더 속히 너희에게 돌아가기 위하여 너희가 기도하기를 더욱 원하노라
20. 양들의 큰 목자이신 우리 주 예수를 영원한 언약의 피로 죽은 자 가운데서 이끌어 내신 평강의 하나님이
21. 모든 선한 일에 너희를 온전하게 하사 자기 뜻을 행하게 하시고 그 앞에 즐거운 것을 예수 그리스도로 말미암아 우리 가운데서 이루시기를 원하노라 영광이 그에게 세세무궁토록 있을지어다 아멘
22. 형제들아 내가 너희를 권하노니 권면의 말을 용납하라 내가 간단히 너희에게 썼느니라
23. 우리 형제 디모데가 놓인 것을 너희가 알라 그가 속히 오면 내가 그와 함께 가서 너희를 보리라
24. 너희를 인도하는 자들과 및 모든 성도들에게 문안하라 이달리아에서 온 자들도 너희에게 문안하느니라
25. 은혜가 너희 모든 사람에게 있을지어다

너희에게 유익이 없느니라
18. 우리를 위하여 기도하라 우리가 모든 일에 선하게 행하려 하므로 우리에게 선한 양심이 있는 줄을 확신하노니
19. 내가 더 속히 너희에게 돌아가기 위하여 너희가 기도하기를 더욱 원하노라
20. 양들의 큰 목자이신 우리 주 예수를 영원한 언약의 피로 죽은 자 가운데서 이끌어 내신 평강의 하나님이
21. 모든 선한 일에 너희를 온전하게 하사 자기 뜻을 행하게 하시고 그 앞에 즐거운 것을 예수 그리스도로 말미암아 우리 가운데서 이루시기를 원하노라 영광이 그에게 세세무궁토록 있을지어다 아멘
22. 형제들아 내가 너희를 권하노니 권면의 말을 용납하라 내가 간단히 너희에게 썼느니라
23. 우리 형제 디모데가 놓인 것을 너희가 알라 그가 속히 오면 내가 그와 함께 가서 너희를 보리라
24. 너희를 인도하는 자들과 및 모든 성도들에게 문안하라 이달리아에서 온 자들도 너희에게 문안하느니라
25. 은혜가 너희 모든 사람에게 있을지어다

많은 사람들이 하나님은 존재하지 않으며, 혼자의 힘으로 살 수 있다고 말합니다. 하지만 하나님은 우리를 만드셨고, 우리를 통해 많은 일을 하십니다. 우리의 존재 자체가 하나님의 큰 은혜이며, 선물입니다.
하나님을 떠나 사는 이들이 너무 많습니다. 깊은 신앙을 가졌던 이들조차도 하나님의 은혜를 잊은 채 자기 중심적으로 살고 있습니다. 내 삶은 그 누구도 간섭할 수 없음을 강조하며, 세상의 많은 유혹에 휩쓸려 살아가고 있습니다.
하나님을 신실하게 믿었던 기독교인이라면 뜨거웠던 하나님과의 첫사랑을 기억할 것입니다. 하지만 지금은 어떤가요? 다른 사람의 이야기처럼 변해버린 과거의 경험담에 불과한 삶을 살고 있진 않은가요?

하나님은 언제나 그 자리에 계시며, 우리가 돌아오기만을 바라고 계십니다. 하나님께 돌아갈 수 없을 것만 같은 당신에게도 환한 미소로 손을 내밀고 계십니다.
삶에 희망이 없고, 살아갈 힘이 없나요? 하나님은 이런 당신에게 큰 위로와 용기를 주길 원하십니다.

돌아온탕자는 하나님을 떠난 이들을 하나님께 인도하는 푯대 역할을 합니다. 믿음을 잃은 이들에게 하나님의 사랑을 전하는 문서 선교의 중심입니다.

돌아온탕자는 교도소, 고아원 등을 후원합니다. 단 한 명이라도 하나님께 인도하기 위해 최선을 다하는 하나님의 기업이 되겠습니다.

돌아온탕자